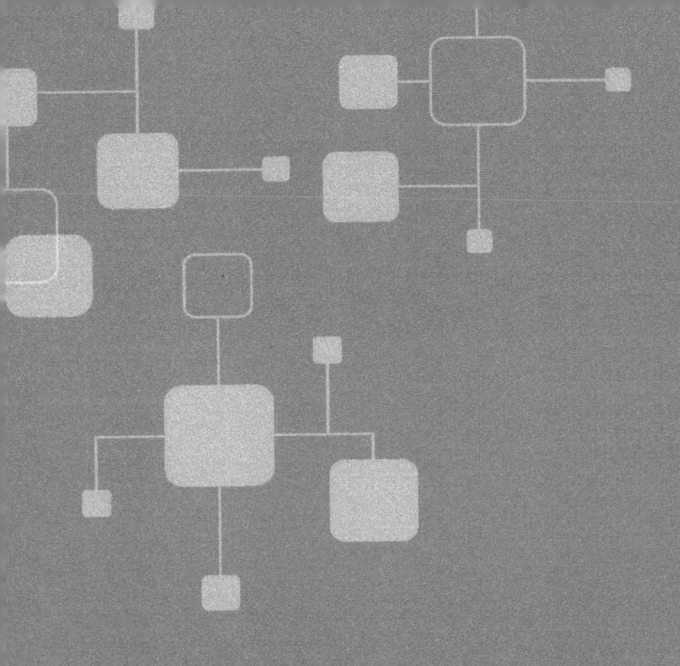

职业教育服务
农业农村现代化研究

黄毓慧◎著

企业管理出版社
ENTERPRISE MANAGEMENT PUBLISHING HOUSE

图书在版编目（CIP）数据

职业教育服务农业农村现代化研究/黄毓慧著. ——北京：企业管理出版社，2023.8
ISBN 978-7-5164-2886-3

Ⅰ.①职… Ⅱ.①黄… Ⅲ.①职业教育－作用－农业现代化－研究－中国②职业教育－作用－农村现代化－研究－中国 Ⅳ.① G719.2 ② F320.1

中国国家版本馆 CIP 数据核字（2023）第 170791 号

书　　名：	职业教育服务农业农村现代化研究
书　　号：	ISBN 978-7-5164-2886-3
作　　者：	黄毓慧
策　　划：	杨慧芳
责任编辑：	杨慧芳
出版发行：	企业管理出版社
经　　销：	新华书店
地　　址：	北京市海淀区紫竹院南路 17 号　　邮编：100048
网　　址：	http://www.emph.cn　　电子信箱：314819720@qq.com
电　　话：	编辑部（010）68420309　　发行部（010）68701816
印　　刷：	北京虎彩文化传播有限公司
版　　次：	2023 年 12 月第 1 版
印　　次：	2023 年 12 月第 1 次印刷
开　　本：	710mm×1000mm　　1/16
印　　张：	12.75 印张
字　　数：	200 千字
定　　价：	78.00 元

版权所有　翻印必究·印装有误　负责调换

基金资助

北京市教育科学"十三五"规划优先关注课题"职业教育支持精准扶贫"（AEAA18003）

前　言

　　党的十八大以来，以习近平同志为核心的党中央坚持把解决好"三农"问题作为全党工作的重中之重，全面打赢脱贫攻坚战，启动实施乡村振兴战略，推动农业农村取得历史性成就、发生历史性变革。习近平总书记指出没有农业农村现代化，社会主义现代化就是不全面的，建设农业强国的基本要求是实现农业农村现代化。乡村振兴战略是实现农业农村现代化的重要途径，而农业农村现代化则是乡村振兴战略的基本目标。2023年中央一号文件首次提出发展"面向乡村振兴的职业教育"，肯定了职业教育对农业农村发展的贡献和作用，指明了职业教育高质量发展是未来农业农村发展战略的重要组成部分。实践经验表明，农业农村现代化和职业教育二者之间互相关联、互相影响。因此，探索农业农村现代化与职业教育的关系及发展规律对我国农业农村现代化建设有着重要的指导意义。

　　从新中国成立之初到改革开放，再到社会主义现代化建设，我国职业教育始终肩负着提高农业从业者技能与素质的使命，作为主力参与了国家农村劳动力培养及农村劳动力转移培养等多个专项工程，更是扶贫攻坚的教育行业排头兵。在全面推进乡村振兴阶段，仍然需要教育赋能。加快实现农业农村现代化，必须在农村实行教育优先策略。大力发展农村职业教育是实施乡村振兴战略的重要抓手。职业教育服务中国式农业农村现代化，体现了增强农业产业链韧性、推进技能乡村建设和实现农民共同富裕的价值意蕴。

本书主要研究职业教育服务农业农村现代化，完整呈现我国农业农村发展政策在扶贫、乡村振兴、农业农村现代化战略阶段的全历程，探索职业教育在其中的行为、作用、贡献和意义。本书共4篇10章。第一篇为基础篇，旨在阐明职业教育服务农业农村现代化的内在逻辑、必要性和现实意义，并对职业教育服务农业农村现代化的政策进行梳理，对相关研究进行综述。第二篇为实践回顾篇，包括职业教育支持精准扶贫的理论渊源和政策历程、职业教育扶贫实践路径、职业教育支持精准扶贫的产业特色，以及职业教育扶贫扶智本色与新兴职业农民培育；第三篇为实践进行篇，阐述了职业教育在国家脱贫攻坚和乡村振兴两大战略中的过渡和衔接，涵盖衔接的学理阐释、政策机制研究等；总结了职业教育支持乡村振兴的人才培养创新实践、科技创新实践、组织创新实践等多元实践；运用层次分析法、熵权法、耦合协调模型、灰色关联分析方法，对职业教育质量和乡村振兴耦合协调关系进行了时间特征、空间特征、影响因素分析，并给出了促进职业教育和省域乡村振兴协调发展的政策建议。第四篇为评价篇，在评价职业教育对农业农村现代化发展水平促进情况的基础上，运用面板向量自回归模型探索职业教育对农业农村现代化影响的机制，研究发现整体上我国职业教育已经形成了对农业农村现代化的正向促进作用，但是不同区域的机制有所差异，职业教育与农业农村发展之间具有单向因果关系，实施农业农村战略政策可以使用职业教育作为政策工具，这些研究为职业教育服务农业农村现代化指明了方向和路径。

  本书在撰写过程中得到了课题组成员、出版社的帮助和支持，在此表示衷心的感谢。由于本人水平有限，书中难免有疏漏和不妥之处，文责自负。同时恳请各位读者不吝赐教，批评指正，促进后续研究的不断改进和完善。

目 录

01 基础篇

第一章 职业教育服务农业农村现代化的内在逻辑、必要性和意义 002
 第一节 职业教育服务农业农村现代化的内在逻辑 002
 第二节 职业教育服务农业农村现代化的必要性 008
 第三节 职业教育服务农业农村现代化的意义 009

第二章 职业教育服务农业农村现代化的政策梳理、研究综述 012
 第一节 职业教育服务农业农村现代化的政策梳理 012
 第二节 职业教育服务农业农村现代化研究综述 016

02 实践回顾篇

第三章 职业教育精准扶贫的理论渊源和政策历程 022
 第一节 教育天然属性的决定 022
 第二节 职业教育是类型教育与扶贫的契合 023
 第三节 职业教育扶贫思想解读 025
 第四节 职业教育扶贫政策历程 028

第四章 职业教育扶贫实践路径 038
 第一节 职业教育党建扶贫实践 038

第二节　职业教育本色扶贫实践..................042

第三节　职业教育文化扶贫实践..................047

第四节　职业教育健康扶贫实践..................056

第五节　职业教育产业扶贫实践..................057

第五章　职业教育支持精准扶贫的产业特色..................070

第一节　职业教育与产业扶贫的三个近距离..................070

第二节　职业教育支持产业扶贫的特色..................072

第六章　职业教育扶贫扶智本色与新型职业农民培育..................078

第一节　职业教育扶贫扶智本色..................078

第二节　职业教育培养体系与新型职业农民培育..................080

第三节　角色转换、素质提升、新型农村社会网络建立......084

03　实践进行篇

第七章　职业教育精准扶贫与乡村振兴有效衔接..................092

第一节　两大战略有效衔接的学理诠释..................092

第二节　两大战略有效衔接的政策、机制研究..................096

第三节　从精准扶贫到乡村振兴有效衔接的实践路径研究...098

第八章　职业教育支持乡村振兴战略的多元实践..................118

第一节　职业教育精准扶贫与乡村振兴的实践差异..................118

第二节　职业教育支持乡村振兴的特色实践..................120

第九章　职业教育发展与乡村振兴发展关系研究..................135

第一节　职业教育支持乡村振兴的研究综述..................135

第二节　职业教育支持乡村振兴的整体水平研究 137
第三节　职业教育质量与乡村振兴耦合协调关系分析 147
第四节　职业教育与乡村振兴协调发展的政策建议 155

04　评价篇

第十章　职业教育与农业农村现代化发展的关系研究 158
第一节　职业教育与农业农村现代化关系研究综述 158
第二节　职业教育质量与农业农村现代化关系的实证分析 ... 160

第十一章　职业教育对农业农村现代化的影响机制分析 169
第一节　职业教育对农业农村现代化影响机制的灰色
　　　　关联研究 169
第二节　职业教育对农业农村现代化影响机制的 PVAR
　　　　模型分析 175

参考文献 186

01 基础篇

第一章 职业教育服务农业农村现代化的内在逻辑、必要性和意义

农业农村现代化是中国特色农业现代化的重要任务，而职业教育被视为实现农业农村现代化的重要手段之一。职业教育服务农业农村现代化旨在培养适应现代农业需求的专业人才，提升农民的职业技能水平，推动农村经济的发展。本章旨在综述职业教育对农业农村现代化的贡献，并分析现有研究的成果和不足之处。

近年来，随着农村经济结构的转型和技术的进步，农业面临着新的发展机遇和挑战。为适应农业现代化的需求，农民需要提升自身的职业技能，从而提高农产品的附加值和市场竞争力。农村职业教育是农村公共事业的重要组成部分。加快发展面向农村的职业教育，全面提高农村劳动人口素质，增强农村职业教育的吸引力，是促进社会和谐、实现农村经济社会可持续发展的基础。职业教育作为培养农民职业技能的重要途径，已经成为农村现代化的重要支撑。

第一节 职业教育服务农业农村现代化的内在逻辑

职业教育服务农业农村现代化，也就是职业教育服务农业、农村、农民的"三农"问题。因此对职业教育服务农业农村现代化内在逻辑的把握，需要从"三农"政策的历史梳理开始。

一、职业教育支持农业农村的历史发展

我国"三农"问题的发展变化，与我国对农业所采用制度性安排和政策性安排紧密联系。我国"三农"政策可以分为五个阶段。

第一阶段：土地改革。1949—1978 年，我国最根本的变化是进行了土地改革，开展了合作化运动，直到后来人民公社体制、以农村集体经济为基础的社会保障制度与计划经济条件下的工业化相适应。人民公社体制在经济发展水平较低、积累率很高的情况下，保障了农村人口的基本生活安全，维护了农村社会的稳定。

第二阶段：家庭联产承包责任制代替人民公社体制。1979—1984 年，这个阶段"三农"发展的主要特点是确立了以家庭联产承包经营为基础、统分结合的经济体制，形成了新时期的农村经济制度。1979 年年底，党的十一届四中全会通过《中共中央关于加快农业发展的若干问题的决定》，对农、林、渔业等主要生产资料实行所有权和使用权分离，赋予农民生产经营自主权，革除"大锅饭"平均主义，结束"以粮为纲"，积极发展多种经营，并采取相关政策措施。家庭联产承包责任制突破了人民公社和"大锅饭"对生产力的束缚，发展多种经营，极大地调动了广大农民的生产积极性和创造力。

第三阶段：流通体制改革。1985—1991 年，我国开始探索以市场化为导向的农村改革。乡镇企业的繁荣和发展为整个农村经济全面繁荣打下了基础，也拉开了农村经济变革的序幕。取消粮食统派购制度，农副产品价格放开，促进农村产业结构调整。计划经济下的各种粮票、油票、肉票、鱼票开始退出历史舞台，乡镇企业多种经营开始发展，农村经济综合生产能力得到了突破性发展。

第四阶段：农村体制深化改革。1992—2002 年，农产品的流通体制和农产品要素的改革促进农村体制改革更加深入。邓小平同志南方谈话之后，延长土地承包期、增加农业投资、鼓励土地使用权合法流转、引入外资及推行贸工农一体化政策等，使农业加速走向适度规模经营，促进农业生产效益增加；农村城市化起步，提升农村集体经济、加大农村基础设施投入、扶强扶大农业产业化龙头企业，初步建立农村社会保障体系。2001年，中国加入世界贸易组织，自此全面开放了农产品市场。

第五阶段：城乡经济统筹发展。2004—2015年，我国陆续出台10个一号文件，基本上形成了比较成熟的农业政策支持体系，标志着统筹城乡发展的制度正在加快形成。这些体制、机制的创新，以及政策的调整，使得我国的农业、农村、农民有了崭新面貌和全面发展格局。

职业教育是在以上的第一阶段和第二阶段与中国"三农"共同发展起来的。新中国成立后，农村面临着农业生产力低下、农民素质不高的问题。为了推动农业发展，政府开始大力推行职业教育，职业教育被认为是推进农业农村现代化的重要举措。职业教育实用性强、灵活性高、针对性强，是支撑农业农村现代化建设的优先选择。为农村地区培养农业技术人才，提高农民的生产素质和技能水平，是职业教育支持农业农村现代化的重要起点。

在"三农"政策的第三阶段和第四阶段，职业教育在农业产业结构调整、农业科技推广应用方面发挥了较大的作用。改革开放以后，随着市场经济体制的逐步完善，政府开始大力推动农业产业结构调整并向现代农业转型。产业结构的优化和升级必然要求劳动者提高科学文化素质和职业技能，调整和优化人才结构势在必行，而职业教育改革和发展又是产业结构调整和升级的推动力，职业教育赋予受教育者从事某种职业所需要的知识、技能和技巧，可培养生产、管理、服务一线需要的技术型、技能型人才。通过职业教育培养更多农产品加工、农业装备维护、农产品营销等领域的专业人才，以满足农业农村现代化的需求，并推动国家战略的实施。同时随着农业科技的发展和应用，职业教育开始注重培养农业科研和技术推广人才，以促进农业科技的创新和推广。职业教育服务农业科技，最主要的是以知识、技能、技术为载体的科技服务和以专门人才培养、培训为核心的教育服务。在科技服务的层面上,"产学研"融通就是要将职业教育的人才培养置于农业现代产业发展的实际要求之上和农业科技的现代化前沿,针对农业特点协调好生产性教学与教学性生产、学习性生产与生产性学习、研究性生产与研究性教学的关系。在教育服务的层面上,"产学研"融通的核心是将产业活动向教学转化,以增强教学的应用性和针对性。同时,针对农产品质量和安全管理的需求,职业教育开始培养农产品质量检测、食品卫生管理等领域的专业人才,提升农产品质量和安全保障的水平。

2004年,我国"三农"政策体系初步形成和发展后,职业教育依然充任着传统角色。乡村振兴战略实施后,职业教育对我国农业农村现代化的支持进入了新时期。第七次全国人口普查数据显示,农村流动人口总量由2010年的1.4亿增至2020年的2.49亿。职业教育通过培训农民相关职业技能,使他们能够掌握现代农业生产与经营技术,进而凭借知识技能自主创业,带动更多农民加入餐饮、加工服务等领域,以及积极参与特色农业、庭院经济、乡村旅游等现代农业的建设。尤其在数字乡村建设背景下,就业方式的变更为农民就业提供了更多可能性和更多样化的选择,农村人才的全面发展和更大流动空间,增加了农民的就业和创业机会,推动了农村地区的人力资源优化和经济社会的协调发展。

二、职业教育支持农业农村现代化的实践逻辑

职业教育可以提供农业技术培训和实际操作、培养现代农业管理人才、推动农业科技创新和应用、支持农村产业转型升级,以及促进农村人力资源优化和流动、服务农民终身学习和支持农村社会发展,这一实践逻辑有助于推动农业农村现代化的进程,并为农村地区提供更加稳定和可持续的发展基础。

职业教育可以提供农业技术培训和实际操作。职业教育的重要任务之一是为农村劳动力提供专业技能培训，提高他们在农业生产中的实际操作能力。农业行政部门、推广机构、中高等院校、科研院所以及各类农民技术学校，通过"科技下乡""科技之春""科技大集""科技兴村""农民科教日"等活动，积极开展各类实用技术培训、咨询、示范和推广服务工作，大力推广现代农业新技术、新成果、新品种和新方法，同时开设农业相关的课程和实践培训。借此，农民可以学到种植、养殖、灌溉、施肥等方面的专业知识和技能，进而提高农业生产效率和质量。

职业教育可以培养现代农业管理人才。现代农业要求农民不仅要具备一定的技术能力，还需要掌握一定的农业管理经营知识。职业教育可以提供农业经济、市场营销、农产品质量管理等方面的培训，培养农村人才在农业运营管理方面的能力，使他们成为懂农业、爱农村、惠农民，且具有现代化大农业经营管理观念的农业经营管理人才。这些管理人才是具备相关经营管理知识，以及持续发展能力和创新能力的家庭农场主、农民专业合作社经营者、规模经营户、农业相关新兴产业管理人才、返乡创业人才等，是促进乡村产业振兴、带动乡村全面振兴的重要生力军。作为与社会经济发展关系密切的教育类型，职业教育服务农业农村现代化是其应有的担当。

职业教育可以推动农业科技创新和应用。职业教育可以将科学技术与实践相结合，培养农业技术人才，推动农业科技的创新和应用。职业教育还可以培养农业科研和推广人员，加强农业科研成果的转化和推广，有效地将科技创新应用到农业生产中，以提高农业的生产力和竞争力。

职业教育可以支持农村产业转型升级。农村职业教育的发展应该与农村产业结构调整的步伐相适应。职业教育可以根据农村产业结构调整的需求，培养与之相适应的人才。农村职业教育通过普遍提高受教育者的职业技术水平与产业升级和农民就业转型相关联。农村职业教育以技术开发人才供给推动新兴产业形成，新兴产业的壮大引起劳动力需求结构变化从而拉动职业教育发展。产业升级转型后，在新兴产业利益的驱使下，受教育者为了获得并胜任预期的工作岗位也会积极参加职业教育。农村职业教育通过技能培养提升劳动者劳动要价的能力，劳动者通过就劳动关系、劳动条件、劳动待遇等方面的谈判实现就业转型。随着农村产业的转型升级，农村职业教育需要培养更多农产品加工、农业合作社管理、农村电商等领域的专业人才，以促进农村经济的发展和农民收入的增加。

职业教育可以促进农村人力资源优化和流动。通过职业教育的支持，农民可以提升技能，同时也可以获得在城市就业或创业的机会，农村人力资源得到优化配置和流动。同时，职业院校通过鼓励毕业生农村创业和发展农村非农产业，以劳动需求创造、拉动毕业生就地就业，为企业定向招生并按照企业实际需求量身打造教学方案，联合政府相关部门组织毕业生跨区域就业和劳务输出等一系列举措，为农业农村现代化提供更多的人才支持，提升农民素质。因此，我国需要有针对性地进行农村职业教育，设置满足农村产业需求的专业，从而达到提升就业质量和提高农民收入的目的。农村职业教育在整个职业教育体系中占有举足轻重的地位。农民需要依靠农村职业教育完善自我，成为新型职业农民。新型职业农民与传统农民相比，职业素养强、社会责任感高，能够引领创新发展。农村职业教育可以提供农村人才培训和职业技能提升，为农民提供更多的就业机会和创业平台，这有助于解决农村地区的就业问题。职业教育可以吸引农民流向城市就业，强化城乡一体化、推动城乡均衡发展。职业教育可以为乡村振兴提供人力资源，培育新型职业农民；职业教育是促进乡风文明的重要途径，是实现乡村振兴的关键一环。

职业教育可以服务农民终身学习和支持农村社会发展。农村职业教育目标是培养建设农村和为农村社会经济服务的技术人员、经营者和管理者。这里的农村职业教育指集职业教育、技术教育、技术培训于一体的大职业教育，就是要使农村受教育者接受终身教育。改革开放以来，农村生产发展为经营型生产模式，农业科技迅猛发展，农村经济社会生活发生了巨大变化，这对农民知识和技能提出了新的要求。职业教育不仅是为农民提供短期的技能培训，更是为他们提供终身学习的机会和平台。通过职业教育的支持，农民可以不断学习新知识、提升职业素养、适应社会发展变化的需求。

第二节　职业教育服务农业农村现代化的必要性

职业教育服务农业农村现代化是必要且重要的。通过职业教育培养农村劳动力的职业技能和专业知识，推动农村产业升级和农产品质量提升，促进农村人才流动和城乡融合发展，支持农村创新创业和农产品加工转化，以及促进农村社会发展和乡村治理能力提升，可以为农业农村现代化提供坚实的支撑和保障。

职业教育可以解决农业劳动力技能短缺问题。现代化农业对高素质、技术熟练的劳动力的需求日益增长，而传统农业劳动力普遍存在技能短缺的问题。通过职业教育培养农村劳动力的职业技能和专业知识，提高他们适应现代农业生产的能力，填补农业劳动力技能缺口。

职业教育可以推动农村产业升级和农产品质量提升。职业教育可以为农村企业和个体农民提供专业化的管理和生产技能培训，帮助他们提升农产品的品质和竞争力。这有助于推动农村产业升级，增加农产品附加值，提高农民收入水平。

职业教育可以促进农村人才流动和城乡融合发展。通过职业教育，农村居民可以学习职业技能和专业知识，提高自身能力和竞争力。这将促进农村人才流动，使农村人才资源得到更充分的利用和配置。同时，职业教育也可以培养农村人才的创业精神和创新能力，推动城乡融合发展，增强农村的发展后劲。

职业教育可以支持农村创新创业和农产品加工转化。职业教育可以培养农村创新创业的人才，提供创业技能培训和创业支持。这有助于激发农民的创业动力，推动农村产业结构调整和农产品加工转化，促进农村经济的现代化发展。

职业教育可以促进农村社会发展，提升乡村治理能力。通过职业教育培养农村管理和服务人才，可以促进农村社会发展，提升其乡村治理能力。职业教育可以提供行政管理、农村规划、农村金融等方面的培训，加强农村社会管理和公共服务体系建设，提升农村社会发展的整体水平。

第三节 职业教育服务农业农村现代化的意义

一、职业教育服务农业农村现代化的现实意义

加强农业领域职业教育，对农业农村现代化的重要现实意义有以下四个方面：第一，加强了农村地区的素质化教育；第二，提高了农村地区的人口就业率；第三，使得农村地区人口可以转化为城市人口；第四，使得农村地区有更加全面的发展。

职业教育可以加强农村地区的素质化教育，农村地区的素质化教育能够弥补城乡教育差距，提供更平等的教育机会和资源分配，让农村孩子享受到与城市孩子同等的教育权益。农村地区的素质化教育注重培养学生的综合素质和实用技能，帮助他们提高生活水平，增强

自身发展能力和就业竞争力，并且可以促使农村地区增设更多的创业渠道。

农村地区拥有丰富的传统文化资源，职业教育能帮助农民更好地传承和弘扬本土文化，增加自豪感和认同感，促进乡村文化的繁荣发展。通过职业教育提高农民的文化修养和道德素质，培养公民意识和社会责任感，有助于建设文明、和谐、稳定的农村社会，减少社会矛盾和不稳定因素。

通过职业教育实施素质化教育，可以提高农村居民的教育水平和综合素质，促进农村发展、保护乡村文化、增加农民的就业机会和收入、促进社会和谐稳定，助力乡村振兴战略的实施。农业农村现代化同时意味着城乡融合，接受职业教育的新型职业农民可以进入第二、第三产业成为产业工人，间接促进相关产业的发展，也可以通过农村三产融合进一步提高生产率，从而促进区域经济的整体发展。

二、职业教育服务农业农村现代化的发展意义

发展职业教育可以促进农村的稳定和发展。农村现代化是国家发展的重要组成部分，也是维持社会稳定的重要基础。农村职业教育是培养和造就大批高素质劳动者和新型职业农民、开发农村劳动力资源的最直接、最有效的途径，在全面贯彻科教兴农战略、推进农村现代化的过程中，具有不可或缺和不可替代的作用。通过职业教育提高农村劳动力的技能水平，能够增加他们的就业机会和收入水平，改善他们的生活质量，减少贫困和社会不公平等现象，从而促进农村的稳定和发展。

职业教育可以增强农村居民的参与感和获得感。政府推进现代职业教育体系国家制度建设等改革试点，不断提升人民群众的幸福感和获得感。通过职业教育的加持，农村居民可以获得专业技能和

知识，让更多本地人愿意选择留在家乡奋斗，带领农村农业发展，切实提高他们在农业生产和农村经济中的参与度和获得感。这将增强农民对国家政策的认同和支持，促进农村居民对现代化进程的积极参与，形成农村与城市协同发展的良好局面。

职业教育能够提升农村居民的社会地位和尊严感。通过培养专业技能和提供就业机会，农民能够摆脱传统农业劳动者的形象，成为现代农业和农村经济发展的中坚力量。这将提升农民的社会地位和尊严感，增强他们对现代化建设的自豪感和归属感。

职业教育有助于推动农村治理的综合发展。通过培养农村管理人才和推动农村产业转型升级，可提升农村治理能力和水平。这将有助于改善农村基础设施建设，加强农村社会管理，完善公共服务体系等，实现农村治理的现代化和可持续发展。

职业教育支持农业农村现代化的同时，也能增强国家的农业竞争力和农村经济实力。通过培养专业人才和推动科技创新应用，农业生产方式得到优化升级，提高了生产效率和产品质量。这将促进农产品的竞争力提升和农村经济的发展，推动国家农业现代化的整体进程。

综上所述，职业教育支持农业农村现代化的发展意义主要体现在促进农村的稳定和发展，增强农村居民的参与感和获得感，提升农村居民的社会地位和尊严感，实现农村治理的综合发展以及增强国家的农业竞争力和农村经济实力等方面。这有助于推动国家农业现代化的进程，并为构建富裕、美丽、幸福的新农村提供稳定和可持续的发展基础。

第二章 职业教育服务农业农村现代化的政策梳理、研究综述

第一节 职业教育服务农业农村现代化的政策梳理

职业教育服务农业农村现代化的政策主要包括以下六个方面。

第一，加大农村职业教育投入力度。职业教育作为一种准公共产品，需要政府的投入作为基本保障。农村职业教育发展对资金的需求十分迫切，正是由于财力严重不足，农村职业教育在基础设施建设、教学设备购置、师资力量打造等方面存在的问题未能得到妥善解决。面对当前我国的现实要求，我国需要通过大力发展农村职业教育，逐步提高农村相对贫困人口的自身资本、内生动力。这需要从中央到地方各级政府加大对农村职业教育的财政支持，通过中央拨款与地方财政的共同投入来保障农村职业教育体系的有序运行。同时，政府部门要积极发挥引导作用，鼓励社会力量参与农村职业教育办学。一方面，对于直接投资农村职业院校的企业、社会组织以及个人，政府可以减免一定的税费，对其用于职业教育投入的资金部分给予低息甚至无息贷款，最大限度地吸引社会资金进入农村职业教育领域；另一方面，政府要创造有利于校企合作的条件和平台，深入推进产学研结合，充分发挥农村职业院校的智力优势、技术优势、科研优势，促进农村职业院校发展和科研成果转化，保障职业教育与地方经济发展紧密结合，增强农村职业院校增收、创收

第二章 职业教育服务农业农村现代化的政策梳理、研究综述

的"造血"能力,从自身出发缓解教育资金不足的压力,以更好地服务于当地的精准扶贫工作。

第二,推动农业职业教育体系建设。完善涉农职业学历教育与终身学习培训体系,统筹推进农业职业教育、农民技能培训、农村社区教育,加大教育资源统筹协调和综合利用力度,增强服务现代农业发展、服务乡村振兴。推行集团化办学、联盟式发展,建立涉农职业教育与培训集团或联盟,政府、学校、企业按照产业链、专业链和区域特点进行合作办学,致力于共同发展。加快推进相对贫困地区职业院校布局结构调整,形成直接面向"三农"的教育培训服务体系,鼓励各地建设农业职业教育基地和农业职业学校,提供优质教育资源,完善农业职业教育课程体系,推动农业职业教育的专业化、规范化和标准化发展。

第三,强化职业教育和产业对接。职业教育作为与农村经济社会发展联系最为紧密的教育类型,具有服务农村产业革命的天然价值与使命。职业教育需要围绕第三次农村产业革命亟须的农村产业人才,积极改革职业教育的培训内容和方式,按照打造应用型专业集群的要求改造职业教育传统的农业专业设置,以增强涉农专业的适应性。政府积极推动职业教育与农业产业的深度融合,加强与农业企业的合作,结合区域特色产业和现代农业发展需求,明确新型职业农民在农村产业体系发展中需具备的职业技能,引导培育一批具有比较优势和核心竞争力的农业主导产业,形成区域化布局、专业化生产以及产业化经营的现代农业发展新格局。职业院校组织开展农业实训基地建设,提供实践机会和岗位培训,培养符合现代农业发展需求的高素质人才。

第四,支持农业人才培养。为有效服务乡村产业振兴,首先,应破除单一的人才培养导向机制,实行人才培养导向二元化机制,

既为城市产业发展培养技能型人才，也为乡村产业发展培育技能型人才，坚持科学合理、可持续的人才培养导向机制，促进城乡二元化经济逐步趋同发展，实现城乡共同富裕；其次，建立人才培养导向二元化机制后，需适时更新人才培养模式，实行适应城市产业和乡村产业共同发展的现代职业教育人才培养新模式，根据乡村产业现状和发展设置相关特色专业，加强该专业与其他专业的互惠性、互通性，降低专业重叠度，提高专业融合度，开设符合乡村产业实际的相关理论课程和实践课程，打造特色专业、品牌专业，形成专业独有优势，集中优势资源打造一流专业群体，培育符合乡村产业发展需要的高素质技能型人才；最后，在转变传统教学模式，抓好理论教学的同时，适度增加实践教学，同步进行线上与线下教学，大力实行"互联网+"教学模式，使教学资源随时随地、全方位覆盖，适时进行线上与线下教学质量测评，动态监测教学效果，以确保优良教学质量，深入乡村产业生产场所开展实地教学，进行对标人才培养，实现人才培养与人才需求无缝对接，加强人才培养模式匹配度建设，助力农业农村现代化发展。同时政府通过开发农村人才培养项目和奖学金制度，提供学费减免和资助，鼓励农村学生参与职业教育，提高农村人才的培养水平。

第五，加强农村职业教育师资队伍建设。教师是教育过程的主导者、教学活动的执行者。专任教师人才队伍是职业院校最为宝贵的财富。在发展农村职业教育事业的过程中，充实师资力量是职业院校提升教育质量见效最快、最可掌控的一项工作，也是职业院校最能发挥自身优势的途径。职业院校应当建立起本校专任教师的培训、进修长效机制，从制度层面保障在职教育的培养工作，也可以通过定向培养的方式，对有意愿到农村职业院校任教的学生、技术人员进行专门培养，作为农村职业院校教师群体的"新鲜血液"。同时，职业院校还要优化调整现有的教师聘任制度，提高专业教师聘任的灵活性、针对性，不能一味"等要靠"，要实施"走出去"战略，与附近师资力量强的职业院校开展师资交流合作，聘请其他职业院校的教师作为客座教授、兼职教师。职业院校可以积极与当地企业进行合作，邀请或聘请技术骨干、研发人员到学校开办讲座，进行培训或兼职授课，单位还可以通过提高教师待遇和提供职业发展空间，吸引更多优秀教师到农村从事职业教育工作。

第六，建立职业教育评价体系。随着我国农村经济社会转型升级以及国家职业教育产教融合政策的调整，构建顺应现代教育发展趋势和契合新时代农村经济社会发展需求的农村职业教育评价体系，必须要突破传统观念的桎梏，做到与时俱进，在评价标准、评价导向、评价机制、评价方法等方面确立新的理念，要体现完整性和全面性。评价指标体系应由一组不同维度的观点构成，要素齐全、结构完整、彼此联系。要把教育与经济、产业与专业、学校与行业企业、人才培养与社会需求等产教融合的关键环节紧密结合起来，能够客观全面地反映出农村职业教育、农业经济产业、农村社会三者之间的内在联系、作用机理和互动规律等；同时也要体现逻辑性和层次性，包括办学定位、专业设置与结构、人才培养目标定位等影响产教融合质量的关键要素，层次清晰、逻辑清楚、自成体系，进而构建形成从宏观到微观层层衔接、从整体到局部分解细化的不可分割、有机统一的评价指标体系。这样做可以推动职业教育培训质量的提高，确保培养出与农村现代化发展需求相匹配的高素质农民工和农业技术人才。

这些政策（表2-1）的推行旨在促进中国农业农村现代化进程，提高农村人才素质和技能水平，为农村经济发展提供有力支持，进而推动乡村振兴战略的实施。

表 2-1　支持农业农村现代化的职业教育政策梳理

序号	发布时间	名　称	相关主要内容
1	2014年	《中共中央 国务院关于促进农村劳动力转移就业的意见》	建立健全农村劳动力转移就业政策体系，推动农村劳动力转移就业稳定增加，加强职业培训和技能提升，扩大农民工就业渠道，促进农民工工资待遇合理充实
2	2014年	《国家职业教育改革实施方案（2014—2020年）》	加快推进职业教育改革发展，提高职业教育质量，建立灵活多样的职业教育培训体系，满足农村地区劳动力需求，推动农村经济发展
3	2017年	《农村实用人才培养三年行动计划（2018—2020年）》	以提高农民素质和实用技能为目标，加大对农村实用人才培养的支持力度。其中包括加强实用人才培养基地建设，增加培训资源，完善培训机制和课程设置，促进农村地区就业创业
4	2019年	《关于进一步深化职业教育改革的意见》	加强职业教育改革，包括推进职业院校与企业合作，提高职业教育质量，培养适应乡村振兴需要的人才，促进就业创业

以上几项较为典型的政策，旨在推动农村职业教育的发展，通过提供更多的学习机会、培训资源和政策支持，提高农村地区居民的技能水平和就业创业能力，推动农村经济的稳定增长和乡村振兴战略的实施。

第二节　职业教育服务农业农村现代化研究综述

近年来，随着农村经济结构的转型和技术的进步，农业面临着新的发展机遇和挑战。为适应农业现代化的需求，农民需要提升自身的职业技能，从而增加农产品的附加值和市场竞争力。农村职业教育是农村公共事业的重要组成部分，加快发展面向农村的职业教育，全面提高农村劳动素质，增强农村职业教育的吸引力，是促进社会和谐、实现农村经济社会可持续发展的需要。职业教育作为培养农民职业技能的重要途径，已经成为农村现代化的重要支撑。关于职业教育服务农业农村现代化，学者开展了很多研究，主要集中在教育资源投入、农民职业技能培养、农民就业和创业支持三个方面。

在教育资源投入方面，部分研究关注职业教育资源在农村地区的分布和投入情况。黄林国（2022）研究分析了农村职业教育资源投入的现状和问题，发现农村职业教育资源投入相对不足，存在教育设施不完善、教师配备不足、教育经费紧缺等问题，提出了加大政府投入、优化资源配置、加强师资队伍建设等建议，以提高农村职业教育资源的投入水平；储节旺等（2019）学者研究探讨了农村职业教育资源投入对农村劳动力培养的影响，发现农村职业教育资源的投入程度与农村劳动力的技能水平和就业机会密切相关，建议加大对农村职业教育资源投入的力度，提高农村劳动力的技能水平，促进农村经济的现代化发展；王晓红等（2022）学者研究分析了农村职业教育资源投入对农村创业的影响，发现农村职业教育资源的投入程度与农村创业者的创业意愿和创业能力密切相关，提出了加大对农村职业教育资源投入的力度，提高农村创业者的创业成功率的建议；李贝贝（2023）研究探讨了农村职业教育资源投入对农村技能人才培养的影响，发现农村职业教育资源的投入程度与农村技能人才的培养质量和数量密切相关。综上所述，农村职业教育资源的投入对农业农村现代化具有重要意义。研究表明，农村职业教育资源投入相对不足，存在教育设施不完善、教师配备不足、教育经费紧缺等问题。加大对农村职业教育资源的投入力度，优化资源配置，加强师资队伍建设被认为是提高农村职业教育资源投入水平的关键。

加大对农村职业教育资源的投入也对农村劳动力的培养、农村创业和农村技能人才培养产生了积极影响，为农业农村现代化提供有力支持。

在农民职业技能培养方面，许多研究关注如何提升农民的职业技能水平，其中，继续教育和职业培训被认为是提升农民技能的重要途径。王丽娜等（2023）学者研究探讨了职业教育对农民职业技能培养的影响，发现职业教育可以提供农民所需的专业知识和技能培训，帮助他们提高农业生产和管理的能力，建议加强农民职业技能培养的政策支持和投入，提高农民的职业素质和竞争力；崔宝慧等（2023）学者研究分析了职业教育在农民职业技能培养中的实践经验，发现职业教育通过开展农业技术培训和实训活动，提高了农民的技能水平和创新能力，提出了加强新型农民培训政策宣传、强化政府扶持导向、建立农民培训制度体系、完善培训讲师队伍建设，以及构建适应地方农业发展的培训内容和形式体系等建议，以进一步提升农民职业技能培养效果；石璟等（2023）学者研究探讨了职业教育对农民就业和创业的影响，发现通过职业教育培训，农民可以获得创业所需的技能和知识，提高创业成功的概率，建议政府加强创业教育的推广和实施，以及加大扶持力度并出台多项优惠政策，创新职业技能培训的内容和形式；唐艳辉（2015）研究分析了职业教育在农民职业技能培养中的效果评价，发现职业教育能够明显提高农民的素质，增加农民的收益，提高他们的职业技能水平和就业能力，并对其收入和生活质量产生积极影响。综上所述，职业教育在农业农村现代化中扮演着重要角色，尤其是在农民职业技能培养方面，能够为农民提供专业知识和技能培训，提高其职业素质和竞争力。为了进一步提升农民职业技能培养的效果，政府需要加强政策支持和加大投入，优化课程设置，加强实践教学和产学研结合，并进行有效的培训效果评估。这些措施将有助于提高农民的职业技能水平，推动农业农村现代化的进程。

在农民就业和创业支持方面，一些研究探讨了如何支持农民就业和创业。栗延斌等（2020）学者研究探讨了职业教育对农民就业的支持作用，发现通过职业教育培训，农民可以获得与现代农业相匹配的职业技能，提高他们的就业竞争力，建议加强农民就业培训的推广和实施，提供就业信息和创业指导，激发农民创业意识，提升农民创业积极性，利用职业院校的教学基地培训职业农民的实践能力，帮助农民顺利就业；吴远（2020）研究分析了职业教育对农民创业的支持作用，发现通过职业教育培训，农民可以获得创业所需的技能和知识，提高创业成功的概率，提出了加强创业教育的推广和实施，提供创业培训和支持，具体包括资金、基地、帮扶对接机制、培训考核评价机制等方面的支持，帮助农民实现创业梦想；周峻（2023）研究探讨了职业教育对农民就业和创业的综合支持作用，发现职业教育可以提供农民就业和创业所需的综合技能培训，帮助他们适应就业市场和创业环境的变化，建议加强职业教育与企业合作，深化产教融合机制、灵活开放的职教管理机制、外部环境保障机制，以提升农民就业创业能力；陈维华等（2020）学者研究分析了职业教育对农民就业和创业能力的影响，发现职业教育可以提高农民的职业技能和创业意识，增强他们的就业和创业能力，提出了加大宣传力度，丰富职业培训渠道，降低职业培训费用，优化职业教育课程设置，加强实践教学和实训环节，提供创业培训和创业支持的建议，为农民实现就业和创业目标提供支持。

综上所述，职业教育对农业农村现代化进程中农民的就业和创业起到了支持作用。研究表明，通过职业教育培训，农民可以获得与现代农业相匹配的职业技能，提高就业竞争力和创业成功率。为了进一步支持农民的就业和创业，政府需要加强农民就业培训和创业教育的推广和实施，提供就业信息和创业指导，并为农民提供全方位的创业支持，以帮助他们实现就业和创业目标。研究表明，职业教育能够帮助农民更好地适应就业市场需求，培养创业意识和能力，提升农民就业和创业的成功率。

职业教育对农业农村现代化具有重要意义。通过加大对农村地区教育资源的投入，提高农民职业技能水平，支持农民就业和创业，职业教育能够有效地助推农村经济的发展和农业农村现代化的实现。然而，目前的研究仍然存在与实践脱节和理论研究不足的问题，需要进一步深入研究和实践探索。

02 实践回顾篇

第三章　职业教育精准扶贫的理论渊源和政策历程

第一节　教育天然属性的决定

教育的天然属性包括机会平等、能力培养、人力资源发展、价值观和道德培养，以及具有推动社会变革和发展的功能，这些属性与精准扶贫目标的关注点相契合。通过教育来实现精准扶贫目标，能够为贫困地区的居民提供更好的发展机会，促进社会的全面进步。

教育的天然属性之一是为每个人提供平等的机会来接受教育。精准扶贫目标旨在消除贫困，而确保每个人都能享有基本教育权益是实现机会平等的关键。

教育的天然属性还包括培养能力。精准扶贫目标倡导通过教育来培养贫困地区居民的技能，提升他们的就业能力和竞争力，为他们脱贫打下坚实的基础。

教育为国家的人力资源发展提供重要支持，其目标与精准扶贫目标一致。通过提供高质量的教育，帮助贫困地区的人口获取知识和技能，提高他们成功就业的概率，并为社会和经济发展做出贡献。教育承担着培养劳动力的任务，既是社会再生产的必要条件，也是经济增长的必要条件。社会再生产主要依靠劳动力再生产，实现劳动力再生产的最基本因素是教育和训练。教育与社会再生产的关系主要体现在通过教育培养训练生产所需要的熟练劳动者和各级各类专业人才上。教育正是通过向生产部门输送经过培训的劳动力和专业人才，才得以促进经济发展、实现经济增长。教育扶贫能够使贫困人员成为专业的劳动力。

教育的天然属性还包括培养价值观和道德品质。精准扶贫目标强调培养贫困地区居民的自尊、独立性和社会责任感，这与教育目标中的价值观和道德培养相契合。教育是人力资本的生产，既包括生产力的生产，也包括社会生产的生产。教育促进个体职业身份的社会化。社会职业分工既是社会发展的必然要求，也是社会发展的重要标志。尤其是现代社会分工的发展与科技教育的发展密切相关，科技革命导致社会生产变革，从而要求教育也必须有所改变。教育担负着促进民众职业社会化的使命。

教育具有推动社会变革和发展的功能，与精准扶贫的社会发展目标相契合。通过提供高质量的教育，贫困地区的居民可以培养创新能力和社会参与意识，为自己和社区的发展做出贡献。

第二节 职业教育是类型教育与扶贫的契合

职业教育的类型教育地位在2013年发布的《关于促进职业教育健康发展的若干意见》中得到了确立。这一政策文件指出，"职业教育是国家教育体系的重要组成部分"，并明确将职业教育列为"类型教育"，与普通教育、高等教育等并列，强调职业教育在提供各类专门人才和满足社会需求方面的关键作用。

职业教育可以根据类型属性进行分类和划分，以下是一些常见的职业教育类型属性。

① 学历层次。根据教育程度的不同，职业教育可以划分为中等职业教育（包括中职学校和技工学校）和高等职业教育（包括职业技术学院、高职院校和职业大学）。

② 教育形式。职业教育可以分为全日制职业教育和非全日制职业教育（如继续教育、职业培训等）。全日制职业教育更加注重系统性和全面性的学习，而非全日制职业教育则更加强调灵活性和个性化的培训。

③ 行业领域。根据职业教育所涉及的行业领域的不同，职业教育可以划分为多个专业和学科，如工业技术、商业管理、医疗保健、旅游与酒店管理等。

④ 培训方式。职业教育还可以根据培训方式的不同进行分类，包括课堂教学、实训实习、在线教育等多种方式。

⑤ 职业认证。职业教育还可以根据是否提供职业资格认证来划分，一些职业教育机构和课程提供与特定职业相关的证书或资格认证，为学生提供从业的资格和机会。

这些类型属性在职业教育体系的发展和管理中起到了重要作用。政府可以根据不同的需求和目标来选择适合的职业教育类型，不同类型的职业教育有助于满足社会对不同行业和职业的需求，推动人力资源的培养和发展。

职业教育对精准扶贫有以下几点帮助。

① 就业能力提升。职业教育注重实践技能的培养，可以帮助贫困地区人口提高就业能力和竞争力。通过培训和教育，他们可以学到适应市场需求的技能，提高自身成功就业的概率，从而摆脱贫困状态。

② 职业机会拓展。职业教育可以为贫困地区的居民提供更多的职业选择和发展机会。他们通过学习新的技能和知识，拓宽了择业范围，包括技术工种、服务业、农业等。这可以帮助他们摆脱传统农业劳动的困境，获得更多的就业机会。

③ 创业能力培养。职业教育不仅侧重于培养就业能力，还可以

培养创业能力。通过提供创业知识和技能培训，职业教育可以帮助贫困地区的民众创立自己的小企业或自主就业，从而提高自身经济收入。

④ 地方经济发展。职业教育可以促进贫困地区的经济发展。通过提供与当地产业相关的培训和教育，职业教育可以培养出更多的技术工人和专业人才，为当地产业提供人才支持，推动当地产业的发展和壮大。

综上所述，职业教育对精准扶贫非常有帮助，可以提高贫困地区居民的就业能力，拓展择业机会，培养创业能力，促进地方经济的发展。大力发展职业教育是帮助贫困地区实现脱贫致富的重要手段和策略。

第三节 职业教育扶贫思想解读

一、职业教育支持精准扶贫是新中国教育扶贫思想的延伸

新中国教育扶贫思想是马克思主义扶贫思想的延伸。马克思主义扶贫思想认为贫困是社会制度和生产力发展不平衡的结果，通过改变社会制度和促进生产力发展，可以消除贫困。新中国的建立及社会主义制度的完善从根本上延续和丰富了马克思主义扶贫思想。早在新民主主义革命时期，中国共产党就注重加强党的队伍文化教育建设，在革命根据地设立识字班，加强群众教育。新中国成立初期，农民占全国人口的90%，其中绝大多数是文盲、半文盲。扫盲和解决适龄儿童入学问题成为这一时期农村贫困地区教育扶贫的主要任务。在1949年出版的《论人民民主专政》一书中，毛泽东就意识到了农民教育的重要性；同年，《中国人民政治协商会议共同纲领》首

次提出了"实行普及教育"的构想,确立了新中国成立初期的教育扶贫思想。

二、职业教育支持精准扶贫是多个扶贫理论的综合应用

在扶贫领域,存在着多种扶贫理论和思想,其中一些重要的理论和思想包括:新制度经济学扶贫思想将贫困视为一种由市场失灵和制度缺陷引起的问题,可以通过改善制度安排和市场机制来减少贫困;人本主义扶贫思想强调关注贫困人口的自我发展和自我解放,通过提供教育、就业和社会保障等手段,帮助贫困人口实现自我价值;社会主义扶贫思想强调国家的主导作用和公共资源的合理分配,通过政府的扶贫政策和项目,实现贫困人口的脱贫致富;可持续发展扶贫思想认为贫困与环境破坏和自然资源的不合理利用有关,通过实施可持续发展战略和保护生态环境,可以实现贫困的长期消除。

这些扶贫理论和思想各有侧重点和方法,但最终的目标都是实现贫困的彻底消除和人民的共同富裕。在实践中,通常会综合运用不同的理论和思想,制定相应的扶贫政策和措施。下面介绍了两个职业教育支持精准扶贫的案例,它们综合运用了上述几种扶贫理论和思想。

(1)四川省甘孜藏族自治州白玉县的"产业扶贫与职业教育项目"综合运用了新制度经济学扶贫思想和人本主义扶贫思想

白玉县是甘孜藏族自治州比较贫困的县之一,导致其贫困的主要原因是地理位置偏远、交通不便以及传统农业收入不稳定等。为了解决贫困问题,该县综合运用新制度经济学扶贫思想和人本主义扶贫思想,通过县级职业教育与产业发展相结合,帮助贫困居民获得可持续的就业机会,增加其收入,提高其生活质量。

第一,白玉县实施了乡村产业转型升级计划。他们分析了当地的资源禀赋和市场需求,重点发展了具有竞争力的特色产业,如藏

式手工艺品、草原农产品加工等。通过与企业合作，提供技术支持和市场渠道，为贫困群众提供就业和增加收入的机会。第二，白玉县注重职业教育与产业发展的结合。他们与当地职业学校合作，开设相关课程，培训贫困居民掌握所需的职业技能。另外，他们还为贫困居民提供实习和就业机会，帮助他们将所学技能应用于实践，并为他们提供稳定的就业渠道和增加收入的机会。第三，白玉县注重贫困居民的参与和自治。他们通过培训贫困居民成为职业教育的教师或培训师，提高他们的就业能力和教学质量，同时增加他们的收入。此外，他们还建立了农民合作社和社区合作组织，让贫困居民参与产业经营和决策并分享收益，提高他们的参与感和自主能力。

这个案例体现了在扶贫工作中将经济发展与社会发展、个体权利与公共利益相结合的理念。

（2）广西壮族自治区凤山县的"就业扶贫与技能培训项目"综合运用了社会主义扶贫思想和人本主义扶贫思想

凤山县是广西比较贫困的县之一，主要原因是地理条件恶劣和生态环境脆弱，导致农业收入难以稳定。为了解决贫困问题，该县综合运用社会主义扶贫思想和人本主义扶贫思想，通过县级职业教育与就业机会相结合，帮助贫困居民增加收入和实现可持续发展。

第一，凤山县注重发展适应当地实际情况的产业。他们通过调研和分析，确定了适合该地区的农副产品加工、旅游服务和手工艺品等产业。通过与相关企业和合作社合作，提供技术支持、资金支持和市场推广，为贫困居民提供就业机会和增加收入的途径。第二，凤山县注重职业培训，提高贫困居民的技能水平。通过与当地职业学校和培训机构合作，开设相关的职业培训课程，包括农产品加工、旅游服务、手工艺品制作等。通过培训，贫困居民可以掌握就业所需的技能，提高他们的竞争力和就业能力。第三，凤山县注重贫困居民的参与和发展。"就业扶贫与技能培训项目"鼓励贫困居民自主创业和合作经营。通过培训贫困居民成为创业导师或合作社管理人员，提高他们的技能和管理能力。同时，凤山县还成立了职业培训和创业引导服务中心，为贫困居民提供创业指导、咨询和扶持政策指导。

这个案例体现了社会主义扶贫思想下，坚持以人为本、注重贫困群众参与和发展的原则，为其他地区和国家在职业教育和扶贫工作中探索全面、有效的解决方案提供了借鉴和启示。

第四节 职业教育扶贫政策历程

一、我国培养及提升农村劳动力的历史政策

在精准扶贫战略提出之前，我国职业教育始终肩负着培养农业农民的重要任务。

在新中国成立初期，农村职业学校主要以农、林、牧、渔业从业技能为培养方向，培养技术工人和农业管理人员。这些学校的课程设置注重培养农村劳动力的实用技能，如农业机械操作、兽医技术、农业经济管理等。通过培训，农村劳动力提升了技能，提高了生产效率，增加了经济收入。

改革开放后，随着农村经济的快速发展和对人才需求的增加，农村职业教育进入了新的发展阶段。国家出台了一系列政策措施，加大对农村职业教育的支持力度。各级政府和教育部门投入大量资源，建设了大量职业学校和培训机构，拓宽了农村劳动力的培养渠道。

随着时间的推移，农村职业教育的发展也逐渐与市场需求和现代化农业发展相结合。农村职业教育课程设置更加多样化，涵盖了

更广泛的领域，如农村电子商务、乡村旅游、农产品加工等。农村职业教育开始注重培养创新创业能力和实用技能，助推农村产业发展和农民收入的提高，提升了农村劳动力的素质和竞争力。

从2001年至今，我国职业教育作为主力参与了农村劳动力培养及扶贫行动，主要有三项工程。

（1）2001—2010年的农村劳动力转移培训工程

2001年，我国启动了农村劳动力转移就业政策，旨在促进农村贫困地区农民进城就业。在经济快速发展的背景下，我国农村剩余劳动力需要从第一产业转移到第二、第三产业中。然而，由于农村劳动力普遍缺乏相应的工作技能，很多农民难以找到合适的工作，导致转移就业困难。为解决这一问题，农村劳动力转移培训工程应运而生，通过设立培训计划为农民提供免费的职业培训机会，提高他们的技能水平以增强就业竞争力。该工程覆盖全国贫困地区，以县级为单位组织和实施。教育部与劳动和社会保障部（现为人力资源和社会保障部）负责指导具体的培训内容和方式，确保培训质量和标准。该工程提供免费的职业培训机会，包括培训课程、教材、实训设备等，并提供培训补助，帮助农民解决培训和生活费用问题。

该工程在一定程度上提高了农民的就业竞争力和职业技能水平，推动了贫困地区的经济发展。多层次、多岗位、多技能的培训模式有效满足了不同层次农村劳动力的培训需求。建立与劳动力市场的对接机制，确保培训内容与市场需求相匹配，并与企事业单位合作提供就业岗位。此外，该工程不仅注重技能培训，也注重培养职业道德和职业素养，提高农民的综合素质。总体而言，农村劳动力转移培训工程是一项重要的扶贫政策，通过提供免费的职业培训机会，帮助农民获得就业技能和就业机会，提高他们的就业竞争力。这使得贫困地区农民获得了更多的就业和创业机会，推动了贫困地区经济的发展。农村劳动力转移培训工程的主要内容包括提供免费的职业培训机会，支持农村劳动力获取就业技能；重点培训农村劳动力转移就业所需的技能，如电子、机械、服装、建筑等行业的从业技能；提供职业技能证书，提高农村劳动力的就业竞争力；发放培训补助，帮助农村劳动力支付生活费用和培训费用。

（2）2011—2015年的农村劳动力培训工程

农村劳动力培训工程是上一阶段政策的延续，同时也是针对同时期中国经济及社会发展存在的问题而提出的，主要包括农业转型升级、农民工问题、就业政策和社会稳定等方面。这一时期，中国经济的快速发展进一步拉开了城乡发展水平的差距，农村劳动力的技能水平相对较低，就业机会有限，阻碍了农村地区经济的健康发展。培训农村劳动力可以提高其职业技能和就业竞争力，有助于推动农村经济转型，减少贫困人口的数量。提高农村劳动力技能水平和就业竞争力，成为解决农民工问题的重要途径。政府希望能够帮助农村劳动力提高就业技能，增加就业机会，推动农村经济发展，促进农民增收，从而减少贫困和社会不公平等现象，增强农民的获得感和幸福感，促进社会稳定。

这一阶段的主要内容包括开展多层次、多岗位、多技能的职业培训，提高农村劳动力的就业能力，增加其就业机会；支持职业院校和培训机构在农村地区建设适应农民培训需求的教育设施，加大对教学资源的投入；加强职业教育与劳动力市场对接，提高培训就业率。

（3）2016年至今的职业教育扶贫工程

职业教育扶贫工程的主要内容包括建立贫困地区职业教育发展专项资金，加大对贫困地区职业教育的支持力度；实施免费职业培训项目，目标对象为经济困难的贫困家庭成员及退伍军人等群体；鼓励建设职业培训基地、职业技能鉴定中心和职业技能培训示范学校，提高职业教育水平；推动农村中小学教师和相关专业人员的岗位培训，提高农村教育质量。

关于农业农村建设的相关政策文件如表3-1所示。

表3-1 国家培养农村劳动力的相关政策

时间	文件名	职业教育扶贫相关内容要点
2001年	《乡村劳动力转移就业培训工程实施方案》	培养对象是在农村就业困难以及农村劳动力转移过程中暂时失业的农民工。重点关注无业农民、下岗失业农村劳动者、贫困劳动力以及愿意参加培训的其他农村劳动者。方案提出培训的内容包括就业技能培训、职业道德修养、劳动保护与安全教育、法律法规和公民意识等。培训重点是提高农村劳动力的专业技能和就业能力，以适应市场就业需求
2003年	《2003—2010年全国农民工培训规划》	规划重点关注城市农民工和返乡农民工，并将培训对象具体分为初次就业、已就业农民工、返乡农民工和就地就近就业农民工。规划涵盖了职业技能培训、劳动保护安全教育、职业权益保护教育、职业道德修养和公民意识教育等多方面的内容。同时，规划还提出了开展适应市场需求的技能培训、创业培训和职业技能鉴定等特色培训
	《农村劳动力转移培训计划》	计划要求进一步加大人力资源开发力度，把农村劳动力培养成高素质的劳动者，努力将我国沉重的人口负担转化为巨大的人力资源优势
2004年	《关于深化农村改革加快农业现代化的若干意见》	文件提出要加快农业现代化，提高农民素质和技能水平，促进农村经济转型
2009年	《关于加强新形势下农民工工作的意见》	文件强调要加大对农村劳动力技术培训的支持力度，制定培训计划和政策

续 表

时间	文件名	职业教育扶贫相关内容要点
2010年	《关于农村劳动力转移就业和培训的意见》	文件提出要推动农村劳动力转移就业和培训，加强对技能型农民工培训的支持
2014年	《关于推进城乡融合发展的若干意见》	意见提出要加强农村劳动力培训，提高其职业技能，促进农村经济发展，推进城乡融合发展
2015年	《关于推进职业教育与扶贫开发工作深度融合的意见》	文件提出要加强职业教育与扶贫开发的深度融合，推动贫困地区农民工就业培训，从根本上打破贫困代际传递链条

这些政策文件都涉及职业教育，从制定培训计划和政策，到师资、课程组织，切实落实了提高农民素质和技能水平，促进农村经济转型和发展的国家政策目标。

二、农村职业教育扶贫政策是国家教育扶贫政策的一部分

我国的教育扶贫政策是从逐步完善学生资助体系开始的。由于早期我国整体教育水平偏低，资助体系的建立健全是按义务教育、中等职业教育、高等教育的教育层级逐步演进的。

从2001年秋季开始，财政部、教育部联合对中西部农村地区义务教育阶段家庭经济困难学生试行免费提供教科书。对于中央财政安排的免费教科书专项资金，2001年为1亿元，2002年为2亿元，2003年增加到4亿元。中西部农村中小学贫困学生受益面由2001年的10%提高到2003年的32%。为贯彻《国务院关于进一步加强农村教育工作的决定》，保证农村家庭经济困难学生顺利完成九年义务教育，财政部、教育部决定，从2003年秋季开始，中央财政再次大幅度增加资金投入，使免费提供教科书的发放范围扩大到中西部农村义务教育阶段所有家庭经济困难的学生。

三、职业教育扶贫的具体实践与职业教育改革的发展进程密切相关

《国家中长期教育改革和发展规划纲要（2010—2020年）》的颁布开启了教育改革的进程，职业教育的改革和发展也以此为纲要，制定实施具体措施。2010年12月全面启动《中等职业教育改革创新行动计划（2010—2012年）》，在任务和内容上，该行动计划主要包括中等职业教育支撑产业建设能力提升计划、产教合作与校企一体合作办学推进计划、中等职业教育资源整合与东西合作推进计划、中职支撑现代农业及新农村建设能力提升计划、中等职业学校科学管理能力建设计划、校长能力和"双师型"教师队伍建设计划、中等职业学校专业与课程体系改革创新计划、中等职业教育信息化能力提升计划、中等职业教育宏观政策与制度建设计划、成人职业教育培训推进计划等10个分计划，以及30个项目载体。其中包括一些具体的惠民、扶贫举措，具体可以概括为三条路径：学生资助覆盖面拓展；扩大招生规模、分享教育资源；将资源向贫困地区倾斜，提升贫困地区的整体职业教育水平。

因此，2010年可以视为职业教育扶贫元年，后期的职业教育扶贫政策也主要是对上述三条路径不同程度的补充完善。2011年，《国家中长期教育改革和发展规划纲要（2010—2020年）》的官方解读强调在进一步加大财政教育投入的同时，要优化支出结构，统筹城乡、区域之间教育协调发展，重点向农村地区、边远地区、贫困地区和民族地区倾斜，加快缩小教育差距，促进基本公共服务均等化。

（1）学生资助覆盖面拓展

继2009年实行农村家庭经济困难学生和涉农专业学生免学费政策之后，2010年9月，财政部、国家发展改革委、教育部及人力资源和社会保障部共同印发了《关于扩大中等职业学校免学费覆盖范

围的通知》。从2010年秋季学期起，免学费政策的覆盖范围扩大至城市家庭经济困难学生。

2015年，教育部印发了《高等职业教育创新发展行动计划（2015—2018年）》，首次提出高等职业教育的发展和管理要应对精准扶贫的国家重大战略政策。

教育部对国民经济和社会发展第十三个五年规划的解读，释放出两个关于职业教育扶贫的内容：一是将高中阶段教育从"基本普及"提升为"普及"，积极推动从中等职业教育到普通高中渐进式免除学杂费的进程；二是"十三五"时期最需要着力补的短板就是提供贫困农村地区教育事业和家庭经济困难学生学习机会。在学前教育、义务教育、高中阶段教育、职业教育、本专科教育、研究生教育各个阶段，全面部署资助体系，使其涵盖所有家庭经济困难的学生，实现"资助全覆盖"，不让一个学生因家庭经济困难而失学。

（2）扩大招生规模，分享教育资源

自2011年起，开始实施中等职业教育协作计划。该计划支持东部和中西部城市职业院校扩大招收片区学生的规模，并对口支持片区职业院校。同时，有计划地支持片区内限制和禁止开发区的初中毕业生到省（区、市）内外经济较发达地区的重点中等职业学校接受教育。此外，还加大了对承担对口招生任务学校的支持力度。

（3）将资源向贫困地区倾斜，提升贫困地区的整体职业教育水平

2011年，教育部等九个部门联合出台了《关于加快发展面向农村的职业教育的意见》，对农村经济社会发展以及农村职业教育改革发展提出新要求。农村职业教育的目标是推动县域经济社会发展，因此要坚持学校教育和技能培训并重，注重开发农村人力资源，逐步建立适应县域经济社会发展要求、体现终身教育理念的现代农村职业教育体系。具体来说，要从以下三个方面进行努力：一是重点发展一批农业职业学校和涉农专业，特别要加大对水利、林业和粮食

等行业职业教育的支持力度；二是组建一批农业职业教育集团，充分发挥行业企业在人才需求分析、教学资源共享、教师培养培训、学生实习就业、企业职工在职培训和产教研一体化等方面的优势，促进产教深度合作，共同推进涉农产业发展；三是落实和完善免学费等扶持政策，针对农业职业教育吸引力不强的问题，提出要完善中等职业教育国家助学金和免学费政策，提高中等职业学校涉农专业学生对口升学比例，推动各地制定和落实优惠政策和扶持政策，提高涉农专业学生就业率，为涉农专业毕业生创业提供政策支持。

2015—2021年，是职业教育扶贫政策体系逐步完善的阶段。众所周知，2014年，国务院发布了《关于加快发展现代职业教育的决定》，标志着我国职业教育现代化改革与发展新时期的到来。2015年，各项职业教育改革和发展政策密集出台，职业教育扶贫政策在这一时期逐步完善。自2016年起，教育部陆续出台了关于教育扶贫的专门文件和政策。职业教育支持精准扶贫的相关政策如表3-2所示。

表3-2 职业教育支持精准扶贫的相关政策

时间	文件名	职业教育扶贫相关内容要点
2015年	《关于推进职业教育与扶贫开发工作深度融合的意见》	要加强职业教育与扶贫开发的深度融合，推动贫困地区农民工就业培训，从根本上打破贫困代际传递链条
2016年	《教育脱贫攻坚"十三五"规划》	要发挥"教育强民、技能富民、就业安民"的功能，坚决打赢教育脱贫攻坚战，通过职业教育与培训实现家庭脱贫以及区域经济社会发展。职业教育在"十三五"时期充分发挥了其跨界功能，多方位、多层次、多领域地参与我国扶贫工作，取得巨大成绩

续 表

时间	文件名	职业教育扶贫相关内容要点
2017年8月	《国家教育事业发展"十三五"规划》	完成教育脱贫攻坚任务,实现家庭经济困难学生资助全覆盖,困难群体平等受教育权利得到更好保障等具体目标。在教育公平方面,首先,要补齐区域不平衡的短板。新增教育资源重点向中西部、贫困地区、革命老区、民族和边疆地区倾斜,加快提高这些地区的教育发展水平,缩小区域发展差距。其次,要补齐农村地区教育短板。继续实施支援中西部地区招生协作计划、农村和贫困地区定向招生专项计划,增加农村、贫困地区学生接受优质高等教育的机会
2018年2月	《深度贫困地区教育脱贫攻坚实施方案(2018—2020年)》	以"三区三州"为重点,以补齐教育短板为突破口,以解决瓶颈制约为方向,推动教育新增资金、新增项目、新增举措向"三区三州"倾斜。保障各教育阶段建档立卡学生从入学到毕业的全程全部资助,保障贫困家庭孩子都可以上学,更多建档立卡贫困学生接受更好更高层次教育,都有机会通过职业教育、高等教育或职业培训实现家庭脱贫,教育服务区域经济社会发展和脱贫攻坚的能力显著增强。加快发展职业教育,在"三区三州"率先实施职业教育东西协作行动计划,全面落实东西职业院校协作全覆盖行动、东西协作中职招生兜底行动、职业院校参与东西劳务协作等三大任务。中等职业教育实施免学费和国家助学金政策

续 表

时间	文件名	职业教育扶贫相关内容要点
2021年	《关于实现巩固拓展教育脱贫攻坚成果同乡村振兴有效衔接的意见》	做好巩固拓展教育脱贫攻坚成果同乡村振兴有效衔接重点工作，接续发展教育脱贫一批工作举措，以脱贫地区和农村家庭经济困难学生为重点，提出了职业教育、学前教育、普通高中、定向招生、推广普通话、帮扶育人等方面的政策措施。延续完善脱贫攻坚与乡村振兴有效衔接的对口帮扶工作机制；优化实施职业教育东西协作行动计划，持续实施高校对口支援工作，继续实施系列教师支教计划

第四章　职业教育扶贫实践路径

第一节　职业教育党建扶贫实践

党建扶贫既是扶贫工作的立足点，又是扶贫工作的"引领者"。

党建能够引领扶贫工作是因为其拥有党的领导核心地位、宏观决策能力、组织体系和干部队伍以及群众基础等因素的综合优势，能够统一指挥、协调各方合力，推动扶贫目标的实现。中国共产党作为执政党，具有领导地位和组织力量，能够动员和组织各方资源，统一指挥扶贫工作。贯彻党的领导能够确保扶贫工作在战略层面上有一个明确的目标和方向。中国共产党拥有政策制定和决策的权力，能够运用国家资源和政策工具，制定和推动扶贫工作的各项政策措施。党的宏观决策能力可以从根本上解决贫困问题，为扶贫工作提供政策保障和经济支持。中国共产党拥有广泛的党组织网络和强大的干部队伍，能够在基层实施扶贫工作，并将党的政策落实到具体行动中。党的组织体系和干部队伍能够在扶贫项目的选址、资金分配、监督评估等方面提供有效的保障。中国共产党深入群众、密切联系群众，能够发挥党员、群众组织和基层群众的力量，动员各方面力量参与到扶贫工作中。党的群众基础可以推动扶贫工作的有效实施，增强扶贫工作的公信力和可持续性。

如何发挥好职业教育支持精准扶贫工作中党建扶贫的领导作

用？通过对实践工作的总结，党建工作与扶贫工作的结合有以下关键点。

① 发挥党组织在贫困地区党建工作中的核心力量，组织党员干部深入贫困村、社区，了解贫困群众的实际需求，解决实际问题，充分发挥基层党组织的堡垒作用、组织作用、引领作用。

② 激励党员干部在扶贫工作中发挥关键作用。注重选拔优秀的党员干部参与贫困地区党组织工作，提升党员干部的素质和能力，同时加强对基层干部的培训和考核。

③ 强化党建扶贫与其他扶贫路径相结合，将党建工作与贫困地区的产业发展、就业扶贫、教育扶贫等紧密结合起来，通过开展党建扶贫培训、产业扶持政策与党建信息的联动，增强贫困地区党组织的凝聚力和工作效能。

本文对全国职业院校精准扶贫协作联盟的部分新闻报道及优秀案例进行了分析，对职业教育党建扶贫在职业教育支持精准扶贫工作中的实践情况进行了分析，党建扶贫占比分析结果如表4-1所示。全国职业院校精准扶贫协作联盟由65所职业院校发展到130家。该联盟搭建起了职业教育精准扶贫合作交流平台，集聚全国职业院校力量，为服务国家脱贫攻坚战略，推进职业教育精准扶贫向纵深发展贡献力量，其实践经验具有一定的代表性。

表4-1 职业教育精准扶贫——党建扶贫占比分析

学 校	文章参考点	文字覆盖率（占全文）
遵义职业技术学校	4	30.84%
淄博职业学院	2	25.35%
重庆电子工程职业学院	1	11.3%
长沙民政职业技术学院	1	15.09%

续表

学　　校	文章参考点	文字覆盖率（占全文）
张家界航空工业职业技术学院	1	48.87%
武汉职业技术学院	1	5.54%
四川邮电职业技术学院	1	14.05%
四川交通职业技术学院	1	4.83%
石家庄邮电职业技术学院	2	5.74%
南宁职业技术学院	3	21.25%
兰州资源环境职业技术学院	2	37.17%
兰州石化职业技术大学	1	15.27%
湖南铁路科技职业技术学院	1	90.91%
广州番禺职业技术学院	1	39.91%
广西建设职业技术学院	2	8.60%
广东科贸职业学院	2	26.34%

在职业教育支持精准扶贫中发挥党建的引领作用，各个职业院校走出了自身的实践特色（表4-2）。党员干部在各项扶贫工作中起到了带头作用。这种带头作用包括各项活动的组织和率先参与，例如产业扶贫的参与、教育扶贫的参与、信息咨询的参与等。参与各项活动所带来的直接后果就是帮扶对象所在的村党组织和村级集体经济得到了极大的发展，同时提供帮扶的党组织也得到了锻炼。这方面有全国党建工作标杆、单位等荣誉作为佐证。文化扶贫的发展，更是离不开基层党组织的支撑，通过建设宣传基地、展示场所等开展党组织建设宣传。同时组织各项文艺活动，丰富帮扶对象的精神文化生活。

表 4-2 职业教育党建扶贫的特色分析

项目及院校	实践内容	特色分析
"党建+农村科技特派员"广东科贸职业学院	2019年我校第一次大规模开展"科技特派员"工作，我校38个农村科技特派员团队深入基层，进村入户，奔赴85村开展"暑期大下乡"活动，这些团队主要服务对接粤东、粤西、粤北等地区下属各县市区的3个农业产业基地、12家农村科技企业、26家农村社区，学校把"党建+农村科技特派员"项目作为助推脱贫攻坚的有效举措，不断规范选派方式，创新服务模式，提升服务效能	团队力量 党员引领 制度保障
五合一党员群众服务中心及党建文化长廊 武汉职业技术学院	自2015年以来，援建江夏区群力村近100万元，带动企事业单位帮扶资金300万元，援建390平方米五合一党员群众服务中心及党建文化长廊	资金输入 党建网络 "党建+宣传"
"党建+N"模式 遵义职业技术学院	学院成立以党委书记、院长任双组长的脱贫攻坚领导小组，党员驻村推动"党建引领"。"党建+宣传"聚民意，"党建+阵地"强组织，"党建+走访"察民情，"党建+活动"拢民心，"党建+项目"惠民生，"党建+产业"促增收，"党建+培训"提民智，"党建+助学"圆梦想。帮扶工作被人民网、光明网、"学习强国"平台等各类媒体报道80余篇次，"党建+N"模式入选清华大学首届乡村振兴论坛案例，帮扶工作多次在全国职教扶贫联盟做专题展览和经验交流，帮扶成效被遵义市脱贫攻坚成果展重点推介	"党建+N" 形成制度 媒体推广
新时代农民讲习所 石家庄邮电职业技术学院	创办"新时代农民讲习所"宣讲党和国家的脱贫攻坚政策等，让乡亲们真正明白"利从何来、惠在何处"，坚定了脱贫致富的信心	党建组织 "党建+学习培训" 深入民心

上述案例中党建引领扶贫的具体措施和常见模式有如下几种。

① 党员驻村帮扶。党员干部主动选择或被派驻到贫困村担任驻村工作队队长或指导员，通过入户走访、调研，了解贫困户实际情况，制定个性化的扶贫方案，指导贫困户发展产业、就业等。

② 党建示范点建设。在贫困村建设党员服务中心或党建示范点，通过开展各类活动，提升农民群众的组织认同和自我发展能力，促进贫困村的整体发展和凝聚力的提升。

③ 党建联合扶贫。将党建工作与扶贫工作相结合，促使党组织、政府机构、企事业单位等多方联合，通过共建共商、共建共享的方式，全面推进脱贫攻坚和乡村振兴。

④ 党群联动。通过党支部、妇女组织、共青团等群团组织的联动，开展精准帮扶和扶贫培训，提升贫困户的技能和就业能力，实现精准脱贫和可持续发展。

⑤ 双联帮扶。将发达地区的党组织与贫困地区的党组织进行结对帮扶，通过对口支援、资金援助、技术指导等方式，促进贫困地区的产业发展、基础设施建设。

⑥ 开展学习教育活动。通过开展学习党的理论、扶贫政策等教育活动，培养党员干部和群众的扶贫意识、认识贫困问题和解决贫困的能力，为脱贫攻坚提供坚实的思想理论支持。

这些措施和模式都是在党建引领下，充分发挥党的组织作用和党员干部的示范带头作用，将党的力量转化为脱贫攻坚的实际行动，有效推动贫困地区的发展，促进脱贫工作取得成效。

第二节　职业教育本色扶贫实践

职业教育因其具有就业导向明确、短期快速见效、与市场需求相适应、低门槛和灵活性等特点，被认为是最适合扶贫的教育类型。

它能够帮助贫困人口提升技能、增加就业机会、实现脱贫致富。

职业教育的目标是培养学生具备特定职业技能和就业能力，使他们能够适应和满足职场需求。职业教育的核心就是为就业服务，通过实用的技能培训，提升贫困人口的就业竞争力，帮助他们改变贫困状况。与高等教育相比，职业教育的培训周期相对较短，可以在较短时间内培养学生具备就业所需的技能，使其能够迅速进入劳动力市场。职业教育能够更快地改善贫困人口的经济收入，解决其实际生活问题。职业教育与当地劳动力市场需求密切相关，根据就业市场的实际需求，培养和开展职业技能培训。这可以确保学生掌握的技能与市场需求相匹配，增加他们的就业机会。相对于高等教育，职业教育的学历门槛较低，更多的贫困人口能够接受和完成职业教育的培训。而且，职业教育可以依据贫困人口的实际情况，提供灵活的培训方式，如线上学习、短期培训等，更好地适应贫困人口的需求和时间安排。

职业教育精准扶贫模式和具体措施通过提供职业技能培训和就业机会，帮助贫困人口提高就业能力和收入水平，实现脱贫致富的目标。这些措施和模式旨在帮助贫困人口获得实际的技能和就业机会，提升他们的就业能力和竞争力，进而实现自身的发展和脱贫。以下为7种常见模式。

① 职业技能培训。组织开展针对贫困人口的职业技能培训，包括就业指导、职业培训课程以及实践操作等，使贫困人口具备适应当前就业市场的技能。

② 就业招聘会。定期举办就业招聘会，吸引企事业单位为受训贫困人口提供岗位信息和就业机会，促进其就业和创业。

③ 职业技能大赛。组织职业技能大赛，鼓励贫困人口参与，提高其职业技能水平，并为其提供展示才能的平台，促进其就业和提

高收入。

④ 人才培养计划。结合贫困地区的发展需求,制定人才培养计划,优先培养与地方产业相适应的职业人才,推动地方产业发展和贫困人口就业。

⑤ 职业技能鉴定认证。组织贫困地区的职业技能鉴定认证,提高贫困人口的技能水平和就业竞争力,为他们提供更多的就业机会。

⑥ 创业扶持政策。为贫困人口提供创业培训、创业资金支持、创业指导等一系列扶持政策,鼓励他们通过创业实现就业和致富。

⑦ 合作社发展。通过推进合作社发展,组织贫困人口参与集体经济活动,提高贫困人口的收入水平,减少贫困人口的数量。

职业教育精准扶贫和高等教育扶贫在精准定位、就业导向、培养目标和实施方式上存在差异,但二者都是为了帮助贫困人口提高自身素质,实现脱贫致富。在实施过程中,可以根据地方实际情况和需求,结合两者的特点和做法,制定出更为适宜的扶贫政策和措施。比如在实践中采用产业链、人才链相配合的方式,由高等教育负责专业开发等环节,由职业教育负责培养产业劳动力,从而解决了高等教育师资及科研与精准扶贫受众不同的问题,扩大了扶贫的产业领域。实践中确实有综合高等教育和职业教育的优势推进教育扶贫的做法,以更好、更全面地促进贫困地区的发展和脱贫进程。

综合高等教育和职业教育的优势,推进教育扶贫主要有以下两种模式。

① 融合型教育模式。建立高等教育和职业教育的融合型教育模式,使学生在接受高等教育的同时也能够获得实用的职业技能培训。通过将理论知识与实际操作相结合,培养学生既具有专业知识,又具备实际操作能力,同时提高他们的就业竞争力。

② 产学研结合模式。加强高等教育机构、企业和科研机构之间

的合作，形成产学研结合模式。高等院校与企业合作开设工学实习基地、实训基地、校企联合研发项目等，实现教育与产业需求的紧密对接。这样可以确保学生所学的技能与市场需求相匹配，并且为学生提供实际就业机会。

全国职业院校精准扶贫协作联盟表彰案例中，人才培养占比分析结果如表 4-3 所示。

表 4-3　全国职业院校精准扶贫协作联盟表彰案例——人才培养占比分析

学　校	文章参考点	文字覆盖率（占全文）
北京财贸职业学院	1	14.56%
广东科贸职业学院	1	6.67%
江苏航运职业技术学院	1	58.81%
黎明职业学院	3	31.22%
南京信息职业技术学院	1	13.39%
泉州海洋职业学院	2	26.27%
顺德职业技术学院	1	4.33%
天津轻工业职业技术学院	1	13.37%
天津市职业大学	5	52.36%
无锡商业职业技术学院	2	22.42%
长沙民政职业技术学院	1	17.13%
重庆城市管理职业学院	1	16.26%
重庆公共运输职业学院	1	12.65%
遵义职业技术学院	1	10.31%

除了上述模式外，职业教育支持精准扶贫还有面向群体而非个体的模式。

职业院校之间结对帮扶可以帮助贫困地区培养高水平师资队伍。开展职业教育师资培训计划,找出贫困地区教师的培训需求进行有针对性的培养。培训内容包括教育教学理论、教学方法、行业知识更新等,提高贫困地区教师的教育水平和教学能力。建立贫困地区与发达地区职业教育机构之间的交流与合作机制,邀请发达地区的优秀教师到贫困地区进行交流讲座和教学实践,为贫困地区教师提供学习和成长的机会。利用互联网和远程教育技术,构建师资资源共享平台,将发达地区的师资资源与贫困地区的进行对接,提供远程教学、远程辅导和在线学习等服务,可以让贫困地区的教师直接受益于发达地区的优质教学资源和师资支持。制定相应的激励政策吸引并通过奖励和补贴措施留住高水平的职业教育师资队伍在贫困地区工作。这些措施包括提供高薪酬、住房补贴、职称评定等激励,增加贫困地区职业教育的吸引力。通过以上的方式和措施,可以在职业教育领域帮助贫困地区培养高水平的师资队伍,提高贫困地区职业教育的教学质量和水平,这将进一步促进贫困地区的人才培养,增加就业机会,实现教育扶贫的目标。

此外,"互联网+教育"互联互助合作是一种创新的教育扶贫模式,通过利用互联网技术和平台,实现城乡教育资源的共享和互助合作,帮助贫困地区学生接受更好的教育。以下是该模式的具体内容。

① 在线教育资源共享。建立在线教育平台,将高等教育和职业教育的课程资源上传到平台上,供贫困地区学生免费获取,课程资源具体包括在线课程、教学视频、电子版教材等,帮助贫困地区学生获得与城市学生同等的学习资源。

② 远程教育。构建在线教育平台,并利用视频会议技术,实现城市学校和贫困地区学校之间的远程教育互助合作。城市学校的教师可以通过远程视频教学方式,为贫困地区学生提供优质的教育资源和教学支持。

③教育云平台。建立教育云平台，通过云服务器提供教育资源存储和共享空间，设计和开发在线学习工具和学习管理系统，帮助贫困地区学生远程学习和管理学习进度。

④在线辅导和答疑。利用互联网平台提供在线辅导和答疑服务，为贫困地区学生提供全天候的学习支持。教师和志愿者可以通过在线平台，为贫困地区学生解答疑问，进行学习指导和辅导，帮助他们更好地学习。

⑤互联网促进就业。通过互联网技术推动创新创业，鼓励贫困地区的学生通过互联网平台创业就业。提供相关的创业培训和支持，帮助他们利用互联网平台找到就业机会或自主创业，减小贫困地区的就业压力。

⑥教育扶贫数据分析。利用大数据分析技术，对教育扶贫的相关数据进行统计和分析，挖掘贫困地区学生的教育需求和问题，为教育政策和资源配置提供科学的依据。

"互联网+教育"互联互助合作的教育扶贫模式充分利用互联网技术和平台的优势，打破了地域限制，提供了公平的教育机会，帮助贫困地区学生获得优质的教育资源和支持。

第三节　职业教育文化扶贫实践

文化思想观念落后是制约贫困地区经济文化发展的重要原因。受教育程度较低，思想观念比较滞后，导致价值观念消极，具体表现为消极、无为、听天由命、不思进取、安于现状、观念陈旧、依赖性强、懒散怠惰、好逸恶劳。文化扶贫就是从文化和精神的层面提高贫困人口的思想文化素质和科学技术水平，帮助贫困人口转变消极落后的观念，从而培养并提升发展自身素质和经济基础的能力。职业教育支持精准扶贫要用好文化扶贫路径，在扶贫道路上绘好文化底色。

2015年12月，文化部（现为文化和旅游部）等七部委印发《"十三五"时期贫困地区公共文化服务体系建设规划纲要》（以下简称《纲要》）。2017年6月，文化部发布《"十三五"时期文化扶贫工作实施方案》（以下简称《方案》）。这两个纲领性文件明确了要发挥文化在脱贫攻坚工作中"扶志""扶智"的作用。

《纲要》强调文化扶贫的战略意义，将文化扶贫纳入脱贫攻坚战略体系，通过提供公共文化服务，提高贫困地区群众文化素质，促进经济社会发展；确定了"一干多支"发展模式，即在贫困地区设立一批文化中心和文化站，以及一批文艺轻骑兵、广播电视服务站和数字文化服务站等文化服务支点，构建立体化、网络化的公共文化服务网络；提出加快文化设施、基础设施建设，提升贫困地区的文化设施水平，鼓励符合当地特色和人民群众需求的文化设施建设；强调要注重挖掘、保护和利用贫困地区的优秀传统文化和非物质文化遗产资源，从而提升文化软实力。

《方案》指出要加大对贫困地区文化产业的支持力度，培育和发展具有区域特色的文化产业，提升贫困地区的产业发展能力和经济收入水平；提出要积极推进文化扶贫与旅游扶贫深度融合，通过发展旅游产业来促进贫困地区文化的挖掘和传承；建议加强对贫困地区文化机构和文化人才的培养和支持，提升贫困地区文化从业人员的素质和能力；强调要开展一系列文化扶贫示范工程，通过典型案例的宣传和推广，引导和带动更多的贫困地区开展文化扶贫工作；提出要加强文化扶贫工作的组织和管理，建立健全相关的政策法规、考核评估和统计监测体系，确保文化扶贫工作的有效实施。

职业院校积极参与农村公共文化基础设施建设，可以全面提高农村公共文化设施水平和利用效率，为农村居民提供更好的文化服务，促进农村地区的发展和脱贫致富。具体举措如下。

① 持续宣传与推广。通过宣传推广，提高农村居民对公共文化设施的认知和使用率。组织多样化的文化活动，吸引人们积极参与，增加设施的知名度和吸引力。

② 提供多元化服务与丰富资源。结合实际需求，提供丰富多样的文化服务项目，如书籍借阅、文化展览、艺术培训等。注重资源整合，与社区、学校、企业等合作，共享资源，丰富设施的文化内容和活动。

③ 普及文化知识与技能。利用职业院校的资源和专业知识，开展农村公共文化基础设施的普及推广。组织文化艺术培训、素质教育、文化展览等活动，提升农村居民的文化素养和艺术水平。

职业院校各种形式的文艺扶贫包括组织开展文艺活动，具体包括组织各类文艺团体，如音乐、舞蹈、戏剧等，到农村地区开展公益演出。通过丰富多样的文化演出，提高农民的审美水平，丰富农村文化生活。具体举措如下。

① 文化培训。职业院校可以组织文化艺术培训班，针对农村居民的需要，开展各类文艺技能培训，如乐器演奏、舞蹈、书法绘画等。通过培训提高农民的文艺技能水平，帮助他们开展文艺创作和表演。

② 文化交流与展览。职业院校可以组织农民代表参加文化交流活动，参观艺术展览、博物馆等，拓宽视野、提升文化素养。同时，将农民的文化艺术作品展示给外界，促进农村文化的交流和传播。例如，职业院校的学生艺术团队前往贫困地区进行巡回演出，给当地居民带来欢乐和文化享受。

职业院校培育乡村文化产业，鼓励贫困地区发展具有地方特色的文化产业，提供就业机会和增加经济收入，促进地方经济发展。具体举措包括：将乡村文化产业与职业院校的课程相结合，开发推广乡村文化传承与发展、农村文化产业管理等课程，培养具备相关知识和技能的专业人才，并让这些专业人才能够在乡村文化产业的规划、设计、管理和运营等方面发挥重要作用；协助乡村文化产业寻找资金支持渠道，如政府扶持政策、企业合作等，为乡村文化产业的发展提供资金保障，促使乡村文化产业蓬勃发展；促进乡村文化产业与当地政府、企业和社区合作，共同开展乡村文化产业项目，通过合作开展文化活动、策划文化节、搭建文化交流平台等，为乡村文化产业的发展提供资源和支持；提供创业培训、商业模式设计、市场调研等支持，帮助乡村创业者了解行业趋势和市场需求，提供切实可行的创业指导，并提供创业基金或创业空间，以推动乡村文化产业的发展；对已有乡村文化产业提供技术支持，如数字化技术、互联网应用、艺术设计等，引入先进技术和创新思维，提升乡村文化产品的质量和竞争力；帮助乡村文化产业打造品牌形象，进行品牌定位、设计标识、宣传推广等，通过品牌建设，提高乡村文化产业的知名度和美誉度，吸引更多的游客和消费者。

职业院校在扶贫过程中，保护和传承传统文化是非常重要的。职业院校要保护乡村中存在的传统文化资源，如传统建筑、传统工艺、传统技艺等，防止其破坏和流失。职业院校可以组织专门的文化保护团队，进行文物保护、修缮和收藏，确保传统文化的实物遗存得以保存。

职业院校通过开展传统文化的教育活动，如传统技艺培训班、传统文化讲座等，可以让年轻一代了解、学习和传承传统文化。职业院校、社区等可以组织相关的培训和教育项目，培养更多的传统文化传承人才。通过深入了解乡村的历史、传统习俗、民间故事等，挖掘潜在的乡村文化资源，组织文化研究团队进行田野调查和文化调研，可以为传统文化的保护和传承提供深入的理论基础和实践指导。将传统文化与现代创意产业相结合，可以提供独特的文化产品和服务；还可以组织文化创意设计大赛、展览和市集，鼓励当地居民发挥自身的创意和想象力，将传统文化元素融入产品和服务，促进乡村文化产业的发展。与国内外的文化机构、学术团体以及文化创意企业等开展合作交流，借鉴其他地区的经验和做法，推动传统文化的保护和传承工作，可以举办文化活动、文化展览、文化交流等，促进文化交流与互动。

通过以上措施，可以保护和传承传统文化，并将其与扶贫工作相结合，发挥传统文化在乡村振兴和扶贫工作中的积极作用。同时，也能够增强乡村文化的吸引力，促进乡村旅游和文化产业的发展，为乡村经济的可持续发展提供有力支持。

其中最具特色的传承传统文化的举措就是非遗项目文化扶贫，通过保护、传承和发展非物质文化遗产，结合贫困地区的资源禀赋和特色文化，推动经济发展，实现脱贫致富。非遗项目文化扶贫的作用及应用如表 4-4 所示。

表 4-4 非遗项目文化扶贫的作用及应用

序号	作用	具体应用
1	传承和保护文化遗产	通过文化扶贫，可以帮助贫困地区保护和传承自己的非物质文化遗产，防止文化的断层和流失，保持地区独特的文化特色
2	创造就业机会，提高居民的收入水平	通过传统手工艺品的制作和销售，当地手工艺人可以获得稳定的收入，提高生活水平；同时，还可以发展非物质文化遗产相关的旅游业，吸引游客，增加旅游收入。 通过传授非遗技艺，培养当地居民的技能，开展培训和教育活动，提高他们的就业竞争力和创业成功率
3	促进地方经济发展	通过发展与非遗相关的产业和旅游项目，吸引游客和投资，增加财政收入，推动地区经济的多元化和可持续发展
4	提升地区知名度和形象	通过展示和推广非遗项目，可以提升贫困地区的知名度和形象。非遗项目作为文化的象征和代表，可以吸引更多的游客和文化爱好者，提升地区的曝光度和吸引力
5	增强文化自信和社会凝聚力	增强当地居民的文化自信心，保护和弘扬本土文化，增强社会凝聚力和认同感，促进社区的和谐发展

综上所述，非遗项目文化扶贫具有传承文化遗产、提供就业机会、促进地方经济发展、提高地区知名度、增强文化自信和社会凝聚力等多个优点，对于扶贫工作和地方发展具有重要意义。

非遗项目文化扶贫可以与其他扶贫路径及区域环境互相衔接，具体如下。

① 产业发展。非遗项目的传承和发展可以作为地方特色产业发展的重要支撑。通过培训、创业扶持和市场开拓等措施，将非遗技艺与当地特色产业相结合，形成一条产业链，提供更多就业机会和增加收入渠道。

② 教育培训。非遗项目的传承需要有专业的技术指导和培训，以将非遗技艺传授给更多的人。在教育培训方面，可以将非遗元素融入学校教育和职业培训，提高学生和培训人员的文化素养和就业能力。

③ 旅游扶贫。非遗项目的传承和发展可以为贫困地区带来旅游业的发展机遇。通过开发非遗旅游项目，吸引游客前来体验和购买非遗产品，提高地方旅游收入，同时也能推动当地经济的发展。

④ 社区建设。非遗项目的传承和发展可以促进社区的文化建设和发展。通过组织文化活动、设立非遗展览馆等方式，提升社区的文化氛围和吸引力，增强社区居民的归属感和凝聚力。

⑤ 信息技术利用。结合信息技术的发展，可以利用电商平台和线上销售渠道，推动非遗产品的销售和推广。通过建立在线商店和数字展示平台，将非遗项目推向国内外市场，拓宽销售渠道，提高销售额和收入。

非遗项目文化扶贫是一种综合的、可持续的发展模式，既保护和传承了非物质文化遗产，又促进了贫困地区的经济发展和民生改善。通过挖掘和利用非遗资源，可以实现文化与经济的双赢，推动社会可持续发展。表 4-5 所示为兰州职业技术学院非遗项目扶贫案例分析。

表 4-5　兰州职业技术学院非遗项目扶贫案例分析

阶段	具体内容
非遗项目	2018 年成立非物质文化遗产学院，设有工艺美术品设计、产品艺术设计、首饰设计与工艺、文物修复与石窟寺保护技术专业保护五个专业，引进和聘请国家级、省级工艺美术大师、非遗传承人、行业专家来校任教。 建有敦煌彩塑、洮砚、唐卡、剪纸、彩陶、木雕、葫芦雕刻、古籍修复、版画、书画装裱等 10 个大师工坊。 建成木艺创意工作室、文物修复基础实验室和文物修复检测实验室等实训基地
经验与效益	学院设古籍修复技艺省级传习所、甘肃省中华优秀传统文化传承基地、洮砚雕刻技艺传承创新工作室、洮砚雕刻传承创新工坊、陶器制作传承创新工坊等，累计培训各类非遗技艺带头人、传承人 200 余人。 2020 年 12 月，学院受甘肃省文化和旅游厅委托，承办了文旅部"甘肃省非遗扶贫就业工坊技能培训班"。 学院与临洮双联村非遗展示中心达成"校企合作"，将该中心作为学院"校外学生实训基地"和"产学研实践基地"，并将双联村作为乡村振兴背景下高校创新创业示范点。 学院与甘肃省陇原巧手联合开设了全国妇联巧手"5S+"联盟乡村工作服务站，完成农村妇女就业系统搭建，助力双联村农户持续增收；协助甘肃省文化和旅游厅建成国家级及省级非遗扶贫就业工坊 93 个，吸纳 4700 多人就业。 学院开发"甘肃非遗地图"核心非遗文创产品，打造了甘肃非遗"云平台"，将甘肃非遗艺人、非遗作坊、非遗手工艺品、非遗文创商品等推上云端，2018 年以来，累计实现销售额 200 余万元

续　表

阶段	具体内容
宣传推广	独立承办了第三届丝绸之路（敦煌）国际文化博览会甘肃非遗展馆、第七届中国成都国际非物质文化遗产节甘肃省展馆等多个省内外非遗展的设计布展工作； 承办"创意丝路·礼遇甘肃"为主题的"经开杯"2019首届甘肃省文化旅游创意设计大赛； 参与主办第十五届甘肃省工艺美术百花奖评审； 承办的"我们的节日·活态非遗"系列活动成为展示甘肃非遗文化的最佳舞台

除兰州职业技术学院外，苏州工艺美术职业技术学院、湘西民族职业技术学院等都有非遗项目与精准扶贫的结合，其中苏州工艺美术职业技术学院是文化部首批"中国非遗传承人群研培计划"试点院校，非遗研培"苏工美"模式被《新华日报》誉为工艺美术人才培养"雷山模式"，"书写高职院校精准扶贫的新时代篇章"入选全国教育扶贫典型案例。《人民日报》《光明日报》《文化十分》《新闻直播间》等主流媒体对学校非遗保护传承、教育精准扶贫、人才培养和高质量发展等成果进行了专题报道。

上述非遗项目文化扶贫，是建立在传统文化基础上的。如果某贫困地区没有传统文化可以传承，那该怎么办呢？是否就无法运用文化扶贫方式呢？练瑜伽练出脱贫梦的案例很好地回答了这些疑问。

玉狗梁村扶贫纪事如下：

2016年2月，石家庄邮电职业技术学院扶贫工作队进驻玉狗梁村，卢文震兼任玉狗梁村党支部第一书记；

2017年2月，国家体育总局称赞玉狗梁村为"中国瑜伽第一村"，中外媒体纷纷到村里采访；

2018年3月，张北县乡村瑜伽搬上纪录片《厉害了，我的国》；

2018年8月3日，河北省张家口市张北县玉狗梁村举办首届农民瑜伽运动会；

2018年9月，开展河北首届"中国农民丰收节"系列活动；

2018年11月，中国电商扶贫行动走进张北直播主会场设在玉狗梁村；

2019年春节，村妇联主席、卢文震书记的支持者、村瑜伽活动的组织者靳秀英开通了"中国瑜伽第一村"玉狗梁快手直播，直播老年瑜伽教学课程、带货销售玉狗梁的藜麦等农产品，粉丝量近20万，单条视频最高阅读量达300多万，开播半年收入近5万元；

2022年7月，以玉狗梁村和卢文震书记为原型的电影《欢迎来到瑜伽村》上映；

2022年，冬奥会MTV《奥运有我》瑜伽队出镜表演。

村民们的生活方式逐渐改变，生活态度也逐渐改变，寂静、死板的小村庄呈现出从未有过的生机。村民们说练了瑜伽身体好了，干活有劲了，参加了各种各样的活动见世面了；村里妇女李叶练瑜伽后，身体越来越好，2020年家里种了30亩莜麦和青玉米，用莜麦换一家人一年的口粮，用青玉米喂养家里养的40只绵羊，一年收入达6万多元。

这些形象的故事能够说明职业教育支持文化扶贫所发挥的重要作用。在本来没有传统文化底蕴的乡村植入文化，使其与精准扶贫相结合，可以为扶贫工作带来更加全面和可持续的发展。通过文化植入，可以激发贫困人口的创业和就业能力，培养他们的创意和创造力，帮助他们发展一些文化产业和旅游业，增加收入和就业机会；通过文化植入，可以发展贫困地区的文化旅游和特色产业，吸引游客和投资，带动地方经济的发展，增加贫困地区的收入来源。通过注重文化植入建设，可以增强贫困地区社区的凝聚力和自我发展能力，增强村民的文化认同和自信心，促进社区的和谐发展，使扶贫工作能够实现可持续发展。将文化植入与精准扶贫相结合可以为扶贫工作带来更多的机会和可能性，推动贫困地区的全面发展，提高贫困人口的生活水平和幸福感。

在扶贫工作中，文化扶贫具有优先和基础的作用。通过农村文化扶贫工作，培育农村群众建立正确的生活理念和发展意识。

第四节　职业教育健康扶贫实践

健康扶贫在精准扶贫中具有重要的意义。健康是人们正常生活的基本需求，贫困地区由于经济条件有限，往往存在基本医疗设施不足、医疗资源匮乏、疾病防控意识薄弱等问题。通过健康扶贫，可以提高贫困人口的健康水平，解决他们的基本健康需求，改善他们的生活质量。贫困人口由于经济原因，通常无法承担高昂的医疗费用。通过提供医疗救助、健康保险等方式，可以减轻贫困人口的医疗负担，帮助他们更好地享受基本医疗服务，降低他们因病致贫和因病返贫的风险。贫困与疾病之间存在着相互促进、相互制约的关系。贫困地区由于经济条件落后，饮食水源不洁净、卫生条件差，容易引发疾病的传播和流行。同时，疾病的发生也会加重家庭负担、增加就医支出，进一步加剧贫困。通过健康扶贫，可以有效打破贫困与疾病的恶性循环，提高贫困地区的整体健康水平。健康扶贫不仅是提供医疗救助和健康服务，更重要的是在贫困地区建立健康服务体系、推动健康意识的普及，提升贫困人口的健康素养和自我保健能力。这将有助于贫困地区实现可持续发展，为贫困家庭摆脱贫困创造更好的条件。

职业院校可以通过教育培训、服务实践、政策支持、研究与创新等方式，开展健康扶贫工作，为贫困地区提供健康服务和技术支持，提升贫困人口的健康水平，促进脱贫攻坚工作的全面发展。

① 教育培训。职业院校可以开设健康专业课程或开展培训项目，

培养医护人员、卫生管理人员等健康领域的专业人才，以满足贫困地区的健康服务需求。同时，职业院校还可以提供职业技能培训，帮助贫困人口掌握一些健康管理和疾病防控的技能，提高他们的自我保健能力。

② 服务实践。职业院校可以组织学生到贫困地区进行健康扶贫实践，提供免费的健康咨询、体检等服务，向贫困人口普及健康知识，帮助他们提高健康意识和健康管理水平。同时，职业院校可以开展一些健康宣传和普及活动，增加贫困地区居民对健康的重视和认知。

③ 政策支持。职业院校可以积极参与政府的扶贫政策和项目制度，提供相关的技术支持和专业建议，为贫困地区的健康扶贫工作提供支持。同时，职业院校可以利用学校的资源和平台，与相关部门和机构合作，共同推进健康扶贫工作。

④ 研究与创新。职业院校可以开展健康扶贫的研究工作，深入了解贫困地区的健康问题和需求，提出相应的解决方案。同时，职业院校可以鼓励学生和教师进行科研创新，探索适合贫困地区的健康扶贫模式，提升扶贫工作的效果和可持续性。

由于健康扶贫的专业性，设有医药护理专业的职业院校更适合开展健康扶贫工作，主要包括提供医疗、健康教育，举办医疗知识讲座，开展义诊等医疗服务，也包括在贫困地区建设中药材种植基地、中医诊所等，在发展中医药产业的同时，提供就业机会，增加产业收益，助力贫困地区脱贫致富。

第五节　职业教育产业扶贫实践

职业教育通过提升贫困地区居民的就业能力和产业技能，培养其创业创新能力，能够促进产业结构调整，有效助力产业扶贫，提升贫困地区的经济发展和人民生活水平。

职业教育着重培养学生的实际操作能力和技能，使其适应产业发展的需求。通过提供与当地产业需求相匹配的职业培训，贫困地区居民能够获得实践经验和技术技能，增强就业竞争力，增加就业机会，实现就业增收。职业教育为产业提供了技术人才支持，培养出一批高素质的技术工人和专业人才，为产业发展提供了源源不断的人力资源。这些技能人才能够在就业市场上担任各种高附加值的岗位，提升产业的科技含量和竞争力。职业教育不仅注重培养学生的就业能力，还注重培养学生的创业和创新能力。通过参与创新创业类的课程和实践活动，贫困地区居民可以学习创业管理、市场营销、创新思维等知识和技能，培养独立创业意识和创新能力，推动技术创新和产业升级。通过职业教育培养贫困地区适应现代化产业发展需求的人才，可以促进产业结构的优化和调整。贫困地区可以根据自身资源禀赋和市场需求，有针对性地培养特色产业所需的人才，推动传统产业向高附加值、环保型产业转型升级，实现可持续发展。

贫困地区的形成是由自然环境、硬件和软件等多种因素导致的。为了克服贫困地区由资源缺乏所导致的门槛限制，职业教育院校在精准扶贫过程中注重资源整合和利用。

在精准扶贫实践中，由于贫困户的致贫原因不同，因此政府应采取不同的帮扶措施。产业扶贫是政府依托贫困地区的自然条件、要素禀赋，以及经济水平等现实条件，通过注入贫困资金帮助贫困地区贫困人口发展产业，通过产业发展带动贫困人口脱贫的一种扶贫方式。

在产业扶贫中，通过发挥产业支撑的保障作用，形成产业发展与精准扶贫的深度融合，不断壮大地域内部的主导产业，使其能够有效地解决贫困带来的生存和发展问题，帮扶广大贫困群体努力发展生产，增强自我造血功能，进而早日实现广大贫困群体脱贫致富的目标。在对贫困地区和贫困人口进行精准帮扶的过程中，需要根据贫困地区的自然环境、社会经济环境，优选可以发展的突破点。带领广大贫困人口走上富裕道路的根本还是实现经济的发展与收入的增加。因此，产业扶贫是职业教育精准扶贫的实践必由之路。

影响农村贫困人口的不利因素有以下两种。第一，基础因素。教育程度偏低、严重依赖土地满足温饱，但地少人多，土地的水利条件、平整程度、土壤肥力、自然环境差异很大，还存在农业基础设施薄弱、农业科技创新能力不足、农业环境污染和生态破坏等问题；第二，制度因素。土地产权、土地监管、土地权益相关制度还不完善，造成了对土地收益的预期与处理权限的预期不稳定，对农户投入的规模性和持续性都产生了影响。当今城乡二元结构下，农业信息的不对称性与农产品收购价格的限制都造成了农业生产及相关涉农产业生产的发展困境。

农户依靠自身积累和能力，尚不足以开展产业化生产，如何选择适合的产业发展是横亘在农户面前的第一道难题。图4-1总结了职业教育产业扶贫的发展路径。产业扶贫的核心就是产业人才的培养，这也是职业教育的本职任务和优势所在。图4-1中有两条短路径和一条长路径。短路径从人才培养入手，通过人才输出，实现个体贫困户就业脱贫。人才经过培养如果能实现本地化就业将极大地减轻贫困户家庭经济负担，实现家庭照料关怀义务。因此，就业扶贫也包括引进外部资源，设置生产点，从而实现本地就业脱贫。这两条短路径可以归纳为教育领域倡导的"一人学习，全家脱贫"的概念。在图4-1中，自主创业节点更重要，由此形成的长路径所导致的群体脱贫结果显然比短路径导致的个体脱贫结果现实意义更大。但是路径越长节点越多，意味着扶贫主体在实施扶贫的过程中不可控因素更多，受环境的影响和制约会更多。在图4-1中，除了产业人才培养核心节点外，资金帮扶、运营帮扶、销售帮扶并不是职业教育擅长的帮扶手段，但也是实现整体脱贫不可或缺的环节。因此需要政府职能部门和市场多元主体的支持。

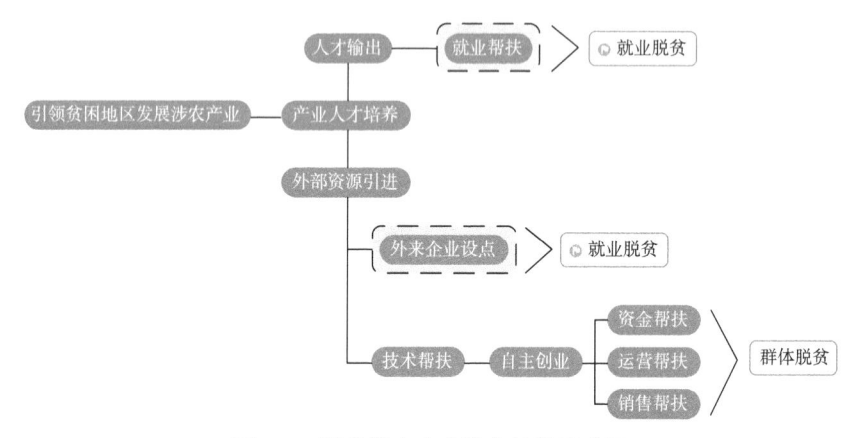

图4-1　职业教育产业扶贫的发展路径

实践调研发现，很多职业教育精准扶贫工作更注重对集体经济的促进和发展。

村级集体经济是农村经济中重要的基础组成部分，其发展程度关系到整个农村经济的发展全局。村级集体经济既能联系各个乡村家庭，又能推广扩大到乡镇经济，是精准扶贫工作向乡村振兴转移的基础。

当前村级集体经济发展存在的普遍问题如下。第一，村级集体经济基础薄弱，收入来源单一。多数村的集体收入来自村集体公房的出租和村集体土地的征用，甚至部分村没有集体收入。第二，村级集体经济依靠自身积累的发展空间较狭小。第三，村级领导干部及群众思想认识不够，在市场经济提倡先后富裕思想时，曲解其含义、处理不好集体和个体的关系、不关心集体资产、过分强调自身利益。

由上述可知，农村经济本身在人财物的积累方面较为薄弱，同时部分村级干部观念陈旧、能力不强，普遍存在"靠山吃山，靠海吃海"的陈旧观念，农村生产停留在对资源的开采及初级利用阶段。农村居民长期以来存在"小富即安"的心理，缺乏开拓进取精神，囿于眼界，既没有新思路，也没有新想法，即使部分乡村做出发展集体经济的尝试，在之前的人财物限制条件下，也很难获得发展突破，大多"浅尝辄止"，从而渐渐形成"太穷了,没办法""啥都没有"的普遍抱怨和"等靠要"思想。

发展村级集体经济的具体实践从以下三个方面着力。一是做到两层级思想意识统一。先与村级领导班子配合，在发展村级集体经济和产业发展选择上与村级领导集体成员共同探讨、共同研究，最终形成统一思想和认识。通过调研谈心的方式尽可能让大多数村民认同、认可村级管理集体的设想，从而做到心往一处想、智往一处谋、劲往一处使，把各方面智慧和力量凝聚起来、调动起来，步调一致、齐心协力开拓前进。同时，建设农村专业化队伍，不断提升党建与自身经营管理能力。二是加大资金投入力度。任何生产活动都需要资金的投入，一旦确定村级集体经济发展思路后，在实施方面必须要有配套资金的投入，在实践中各扶贫主体多方面协调各个资金来源，采取整合项目、财政预算、贷款融资、招商引资等方式，分级建立村级集体经济发展基金和专项资金，协调工商、税务、自然资源等部门和金融机构加大对村级集体经济发展项目的支持，所有下达到村使用的各类资金统归村党组织调配管理使用，发挥最大效益。三是强化特色产业发展。获得一定经济收入规模的乡村经济必然是找准了切入点，通过开发特色产业、培育支柱产业、成立专业合作社、建立种养基地、推进农业产业化等措施，逐渐形成村级集体经济的良好发展格局。

表4-6总结了2020年5个职业教育院校受表彰单位在扶贫过程中注重发展村级集体经济的做法和特点。

表4-6 职业院校精准扶贫发展村级集体经济案例

院校	扶贫对象	人口规模	经济体量	产业形式	公共服务建设
安徽国防职业科技职业学院	太平村	贫困户126户384人	村级集体经济从无到有，截至2020年年底达20余万元	特色产业"太平集丝苗"稻田稻虾米；注册了"太平集丝苗"商标	11个村级基础设施和4个公共服务项目持续改善
广西职业技术学院	苍梧县里深村	全村160多户辐射带动周边3个村165户贫困户	村级集体经济收入增长20倍	六堡茶产业；2019年成立了广西梧州里深茶业有限公司和广西职业技术学院茶叶扶贫车间，注册了"里深"品牌商标，取得了食品生产许可证，生产品在2020年广西"十大名茶"中国农民丰收节上获广西"十大名茶"荣誉	清理村屯道路500米，拆除21间危旧房，牛猪栏，清理陈年垃圾堆60处，池塘2个，新建37个"微菜园""微果园""微花园"替代了原来私搭乱建的违章建筑，以奖代补鼓励村民建设房前屋后小花园，有效解决了困扰当地村民多年的垃圾处理难题，在篮球场、小学、村委办公室周边绘制了党建、乡村振兴主题墙壁画4幅
南宁职业技术学院	上林县玉峰村	全村14个村民小组，519户2349人	玉峰村贫困发生率已从2015年的41.7%降至2019年年底的1.13%，村级集体经济收入从0元一跃至2020年的70余万元	玉峰养殖示范基地于2018年年底建成，目前有3个养殖大棚，可以养殖肉鸡28000多羽；依托"合作社+基地+农户"模式发展香瓜种植业，促进了土地流转	依托光伏项目完善公共基础设施

· 062 ·

续 表

院 校	扶贫对象	人口规模	经济体量	产业形式	公共服务建设
内江职业技术学院	定点帮扶宜宾市拱县和凉山州越西县、宜宾市拱县林荼村、两河村，越西县马母果村和对坡村、下元村等7个村	定点帮扶的凉山州越西县、宜宾市拱县和本市贫困村共241户贫困户、785名贫困人口已经全部超标准脱贫	下元村2020年底村集体经济收入130万余元；两河村集体经济从零突破，2019年村集体收入2万元，2020年11万元	内江永安镇下元村推行产业特色化、种养一体化、村企合作双赢化，管理运营高效化，财务监管规范化"五化"模式，初步形成黑猪养殖、雷竹种植、大棚蔬菜种植等自营产业，探索以内容的集体经济实现形式为主要内容的集体经济实现形式。宜宾拱县底洞镇两河村通过产业政策引导，蚕桑规模化集约化发展，全面提高蚕桑经济效益，推动温氏生猪代养模式，依托蚕桑产业高质量发展。开展"大场带小场"行动，助推生猪养殖业高质量发展。	为拱县林荼村捐赠新建多功能文化广场，添置办公设备；为拱县两河村修建村文化活动室；改建越西县马母果村村办公室，实施乡村亮化工程，协调解决了49户贫困户危旧房改造问题

· 063 ·

续 表

院 校	扶贫对象	人口规模	经济体量	产业形式	公共服务建设
永州职业技术学院	小金洞村	2017年小金洞村的总人口为540人，其中贫困户的家庭人口为216人，贫困户的比例为40%	休闲旅游项目村集体经济分红收入每年5万元以上，全村贫困人口分红200元/（人·年）；合作社红茶生产线两条，2020年收购鲜茶叶5000余斤，加工干茶1000余斤，创产值130万元，贫困群众劳务收益27万元，村集体收益5万元，贫困户分红6万元	休闲旅游产业	打造"宜居、宜乐、宜游"的省级乡村振兴示范村，小金洞村将改建村内乡村旅游一条街，与金洞漂流精品旅游品牌实现无缝衔接

通过分析实践模式案例如下。

① "学校＋企业＋村委＋合作社"四方联动的扶贫新模式。广西职业技术学院（里深村）茶叶扶贫车间、广西职业技术学院产学研合作基地是该校推行的"学校＋企业＋村委＋合作社"四方联动的扶贫新模式，为当地开辟出了一条"车间驻村、居家就业、群众脱贫、集体增收"的新路子，激发了贫困群众精准脱贫的内生动力，吸纳解决了更多贫困人口实现就业，为打赢脱贫攻坚收官战、实现乡村振兴奠定了更加坚实的基础。在今后的四方合作中，学校将依托专业资源优势，拓展社会培训服务领域，开展新型职业农民培训、高技能人才培训、职工继续教育等培训服务，打造精准扶贫、乡村振兴等相关品牌培训项目，真正做到"地方离不开、行业都认可"。

② 双高建设引领精准扶贫实践。选择特色产业，源于广西职业技术学院"茶树栽培与茶叶加工"专业群入选"双高计划"。作为高水平专业群建设单位，学校将专业先进元素、创新性元素有效融入产业发展，立足"小企业大集群"区域特点，服务中小微企业技术研发、产品升级需求，加大技术攻关、产品研发、工艺开发投入，推动科技成果与企业转化对接，努力将高职院校打造成区域技术技能创新和积累的集聚地。

③ 突出职教扶贫特色，创新开展"三帮两助"。内江职业技术学院帮扶对象有7个村，因此需要利用职教特色个性化不同乡村的扶贫路径，最终形成了"三帮两助"经验。具体表现如下。

实施校地帮谋。为定点联系的乡镇（村）编制产业发展规划6个；为珙泉镇量身定制了"产业发展规划方案"，发挥技术优势；为珙县编制"农村电商发展方案"，使珙县成为全省有名的电子商务试点县；为越西县量身定制61名村（社区）干部学历提升免费培训计划，改变以往的成人大专单纯理论教学方式，把课堂教学与实践有机结合，在提高当地学员自身学历的同时，将大幅提升当地学员的理论素养和专业技能，解决了当地农村基层干部素质不高的问题；2020年6月在越西县马母果村召开了党委中心组专题学习会，与越西县、镇、村领导班子共商脱贫攻坚大计。

实施校帮带。根据当前职业教育的发展趋势，加强高职教育和中职教育的衔接，本着服务基层、服务地方、服务社会的原则，主动联系越西县和珙县职业技术学校，开展结对帮扶和座谈走访等系列活动，共谋中职教育事宜和发展大计；定期选派部门、院系负责人、专业带头人和骨干教师分别到两县职业技术学校，对专业设置、教育教学、实习实训等进行现场指导；诚邀珙县职业技术学校加入由学院倡议创办的"丝路·内江职教集团"，全面共享优质职教资源。

实施驻点帮扶。近年来，党政主要领导和其他班子成员按要求到县、到村督导脱贫攻坚近120人次；学院针对所帮扶地的实际情况，先后选派16名优秀年轻干部长期驻点，分别担任乡镇党委副书记、贫困村第一书记或帮扶队员，在当地县、乡镇领导带领下努力开展工作；组织农业、园林、养殖专家教师不定期深入定点帮扶村开展现场技术指导和蹲点帮扶，加强技能培训；加强对驻村干部的激励关爱，主动解决他们在家庭、生活等方面的后顾之忧，引导他们强化认识、轻装上阵、扎根当地、主动作为，为决战决胜脱贫攻坚作出贡献，越西县西山乡马母果村帮扶干部曾玉生获评四川"魅力职教感动人物30强"。

实施技术助力。为内江市320余户贫困户开展农业技术、农村电商推广等专业培训；在珙县多次开展养殖和防疫技术培训，参培人员1360余人次，协调内江电商公司与珙泉镇达成农特产品线上销售渠道意向性合作，促进了消费扶贫；为越西县70名贫困村驻村农技员开展了以"国家深度贫困地区畜禽养殖产业扶贫路径探讨"为主题的专业技术培训，向村级集体经济负责人和村民发放家畜和家禽饲养专业指导书籍210余本，提升了贫困户致富本领，成功解决了西山乡马母果村鸡霉菌病，为村民挽回了经济损失。

实施多途助收。投资15余万元建成马母果村养鸡场，第一批鸡出栏后，实现产值13余万元，带动贫困户户均增收530元，村级集体经济增收超2万元，正常运营后，鸡场每年将实现产值超百万元；帮助珙县两河村种桑养蚕，2019年实现产值84.45万元，预计2020年产值将突破百万大关，协调珙县智溢茧丝绸公司投资200余万元兴建陈胜茧站，延伸了蚕桑产业链条；指导珙县林茶村（现永福村）建成柑橘产业基地，实现年产值超2万元，援助建成食用菌培育基地，村年均增收5000余元；帮助本市市中区下元村建成黑猪、雷竹和大棚蔬菜基地，累计实现产值83万元。

④以"共产党员+学院+合作社+贫困户"形式发展乡村旅游业。以"共产党员+学院+合作社+贫困户"形式发展乡村旅游业，投入880万元。其中永州职业技术学院作为帮扶责任后盾单位共投入440万元建设楠木王风情民宿客栈，项目覆盖全村107户贫困用户，373名贫困人口参与，该项目建成后年吸纳游客可达3万人次以上，解决贫困劳动力就业36人，贫困人口每年保底分红200元/人，贫困户间接增加收入3000元以上，村级集体经济收入增加9万元以上，村民自家的土特产，可通过民宿窗口销售出去；同时，还起到"洼地"效应的作用，带动其他产业的发展，由此催生致富能人李宝成建成金岛湾水上乐园一处，接纳贫困劳动力13人就业，为打造小金洞旅游经济圈奠定了基础。

⑤以"公司+贫困户"的形式发展种植业。永州职业技术学院推动小金洞村在2018年采用"公司+贫困户"的形式发展以林下经济为主的种植业，种植名贵中药材黄精共270亩，此项目为入股贫

困户增收5000元以上。同时为更好地发挥黄精种植的价值，学校把名贵中药材黄精种植基地打造成校中药材教学实训实习的校外基地，提升小金洞村黄精种植的知名度和药材种植的经济价值；同时，利用山林优势，兴建高山野生茶叶加工厂。

⑥产业+文化模式。安徽国防科技职业学院的精准扶贫过程历时四年，2017年实现贫困村出列；2019年年底全村125户383人全部脱贫，消除了绝对贫困；村级集体经济从无到有，截至2020年年底达20余万元；产业发展持续向好，注册了"太平集丝苗"商标；11个村级基础设施和4个公共服务项目持续改善。老百姓的幸福感、获得感、安全感明显提升。在产业扶贫活动过程中，党员干部会定期举办群众文艺活动，增强党员群众的凝聚力。

注重学校帮扶与社会扶贫相结合，通过主动宣传，加强对接，积极吸纳企事业单位和社会爱心人士参与结对帮扶工作。目前，帮扶村吸引了10余家社会企业和1422名爱心人士参与社会扶贫，累计引进各类社会扶贫资金80余万元。

职业教育支持精准扶贫的过程中，发展村级集体经济实践的经验可以总结为如下三个转变：资源向资产的转变、生产向产销的转变、村民向创业者和创业参与者的转变。

乡村已有的土地资源、生态资源、旅游资源可以在注入新资源的条件下转化成产业资源以及农村集体性资产，在基层党组织领导下，以村集体、合作社为组织载体引入农业企业、旅游企业、文创企业，通过吸引投资、合作开发、租售开发等模式，将闲置资源转化为产生经济效益的资本。

一旦资源转化为资产，原有家庭小作坊式生产可以聚沙成塔，逐步扩大规模，还可以联结生产销售多个商业链条，整合大型农业企业、旅游资源、电商平台资源等，对乡村特色农副产品、传统手工艺品等进行品牌设计、包装，转化为市场商品、旅游商品、文创礼品，提高产品的附加值，从而使乡村产业获得规模经济收益、多产业链环节收益，进而增加农户收入，推进乡村产业进一步发展。

在这个过程中村民不再单打独斗，而是加入本地特色农产业，成为创业者以及创业参与者。将村集体资产及财政投入农村的发展类、扶持类资金等量化为村民持有的股金，集中投入企业、合作社、家庭农场等经营主体形成股权，不仅避免了村民直接获得经济补偿的低效扶贫资金使用情况，而且激励了村民将个人的资产、资金、技术等入股到经营主体成为股东，按股分享收益，形成稳定增收的长效机制。

第五章 职业教育支持精准扶贫的产业特色

作为精准扶贫主体之一的职业教育与其他主体有何不同呢？

习近平总书记指出，中国的扶贫坚持动员全社会参与，发挥中国制度优势，构建了政府、社会、市场协同推进的大扶贫格局，形成了跨地区、跨部门、跨单位、全社会共同参与的多元主体扶贫体系。

自2012年起，国家部署的定点扶贫工作实现了对全国592个国家扶贫开发工作重点县的全覆盖，参与定点扶贫的有国家机构、央企、军队和武警部队，并确定了中央直属机关工委、中央和国家机关工委、中央统战部、教育部、人民银行、国务院国资委、解放军原总政治部分别牵头联系中直机关、中央国家机关、民主党派中央和全国工商联、高校、金融机构、中央企业、解放军和武警部队的定点扶贫工作。在众多参与扶贫的单位和群体中，职业教育有着自己的特色。

第一节 职业教育与产业扶贫的三个近距离

与其他主体相比，以职业院校和职业教育教师为代表的职业教育支持精准扶贫的特色体现在哪儿？

作为一种类型教育的职业教育，一头联系着教育，一头联系着产业。立足教育，能够很好地解决生产销售过程中的人力资源需求；牵手产业，能够凭借与产业近距离接触过程中积累的经验，依据贫困地区产业选择所需要信息，联系贫困地区产业发展所需要的产业资源，促进产供销一体化的实现，并在这一过程中培养锻炼本土化生产、销售各领域的专业人才，这些专业人才并不是短期性、一次性介入贫困地区产业发展，而将随着产业的发展不断成长。

一、职业教育对象与农村、贫困人口的近距离

职业教育的招生对象多为农村生源，2018年《中国职业教育质量年度报告》显示，2012—2018年，50%的高职院校学生均来自农村家庭。教育部2020年年底公布职业院校70%以上的学生来自农村。职业教育对农村学生而言具有亲近感。职业教育的种种资助政策也支持了农村学生完成学业的梦想。千万家庭通过职业教育实现了拥有第一代大学生的梦想。"职教一人，就业一人，脱贫一家"成为阻断贫困代际传递见效最快的方式。

二、职业教育教师与产业的近距离

职业教育教师职责中涵盖指导校内实验室和校外实训基地的建设，指导相关实践性教学工作；掌握本行业中职业和岗位的现状与发展变化，根据市场的特点和需求制定专业人才培养方案。这些职责均指向了产业人才培养的实践。

三、职业教育产教融合教育模式与产业人才培养的近距离

当前我国正在建立健全现代化职业教育体系，而现代化职业教育推行产教融合教育模式。职业教育产教融合指产业、企业与教育机构深度融合，建设产教融合型企业，共同建设培育产业人才的制度、体制、机制和系统。职业教育产教融合充分考虑了教育与生产劳动的关系，职业教育人才培养全过程与产业的人才需求、技术进步，与创新创业过程紧密融合，从而能更好地满足我国产业发展对人才的需求。

现代化职业教育体系对产教融合的重视体现在国务院教育部的各项政策中。2017年，国务院办公厅印发了《关于深化产教融合的

若干意见》；党的十九大报告明确提出了深入推进产教融合发展的改革任务；2019年，国家发展改革委和教育部联合发布了《建设产教融合型企业实施办法》。

第二节　职业教育支持产业扶贫的特色

职业教育与产业扶贫的三个近距离具体表现在产业扶贫路径上，凸显出了职业教育支持精准扶贫的特色优势。

一、产业精准扶贫模式

一般而言，产业扶贫具有两种具体的模式，即政府主导的产业扶贫模式和企业主导的产业扶贫模式。前者主要是指政府运用产业扶贫资金扶持贫困地区、贫困人口发展产业，通过项目制形式实现产业发展，促进贫困地区、贫困人口脱贫的一种扶贫模式。后者主要是指由龙头企业通过资本下乡的方式，将土地、资金、劳动力整合起来，大力发展特色优势产业，形成"公司＋基地＋农户"的产业扶贫模式。

以上两种模式各有优缺点。在政府主导的产业扶贫模式中，产业扶贫更多的是一种政府行为。相对于市场选择，政府行为具有以下几个方面的特征。一是政策性。如在精准扶贫过程中，国家针对具有一定劳动能力的贫困农户出台了包括产业扶持资金、小额信贷等一系列优惠政策。产业扶贫政策的目标是激发贫困地区、贫困人口的内生动力，提高自我发展能力，变"输血"为"造血"，确保脱贫效果的持续性。在由地方政府扶贫部门精心编制的产业扶贫指导手册中，产业发展涉及种植业、养殖业、林业、旅游业、农产品加工业和电子商务等行业，内容包括产业现状、管理技术、效益分析、扶持政策等，为产业扶贫提供综合性指导。二是非市场性。在产业扶贫中，地方政府依照自己对农业产业发展的理解，按照自己对市场的分析和判断，制定产业发展政策并实施具体的产业帮扶行为，不受市场因素的左右。产业扶贫的非市场性意味着政府在实施产业扶贫政策时，很少考虑市场因素对产业扶贫政策的干扰和影响。三是程序性。所谓程序，是指按照一定的次序、步骤做出决定和开展行动的过程。

在产业扶贫过程中，产业扶贫资金的分配、使用、监督都必须按照一定的程序进行，以保证产业扶贫行动的合法性和违规行为的责任追究。政府主导的产业扶贫一般采取项目制形式。项目制是指政府运作的一种特定形式，即在财政体制的常规分配渠道和规模之外，按照政府意图，自上而下以专项资金方式进行资源配置的制度安排。但是，产业扶贫的项目制形式违背了产业发展的内在规律，往往达不到产业发展和产业扶贫的目标。第一，农业产业发展周期长，一般持续三至五年才能形成产业，而产业链的形成则需要更长的时间。政府主导的产业扶贫项目追求产业扶贫效果的短、平、快，希望通过产业扶贫资金的投入达到立竿见影的效果。第二，产业扶贫的项目制运作形式不能从根本上做大做强农业产业。这是因为，贫困地区农业产业化发展不仅依赖于农业资源占有状况，也取决于贫困地区农业产业发展的各种生产要素的组织化程度。

从经济学角度来分析，生产要素的组织水平决定产业开发程度，产业开发程度越深，产品的品种会越多，质量会越好，市场的边界和需求会越大，竞争能力就会越强。而农业产业的做大做强以及产业化发展后的市场开发并非政府所长。因此，政府实施的产业扶贫项目往往只能处在农业产业化发展的初级阶段，即停留在简单的农产品种植和单一产品的开发上，如"一村一品"等。

以龙头企业为代表的新型农业经营主体也是实施产业扶贫、带领贫困户脱贫致富所不可替代的市场主体。这是因为，农业产业化发展需要实现农业生产要素的集聚和组织，需要开拓市场和承受市场风险的能力，这些是只有龙头企业才具有的能力。

如果说政府主导的产业扶贫是一种以政策为依归的政府行为的话，那么企业主导的产业扶贫则更多的是一种市场行为，主要遵循等价交换的市场逻辑，即按照平等自愿和等价交换原则进行交易，实现资源的优化配置。

具体而言，这种产业扶贫的市场行为主要表现在以下三个方面。第一，龙头企业通过流转土地，为贫困户提供租金收入。也就是说，贫困户必须交出自己的土地承包经营权以换取经济收入。第二，通过"龙头企业＋基地＋农户"的农业产业化模式，对贫困户进行技术培训，以更好地服务于农业产业化发展，实现对农业工人的技术要求。第三，吸纳用工，为贫困户提供工资收入，贫困户必须通过交换自己的劳动力来获取工资收入。

对于龙头企业而言，扶贫并不是企业的核心功能和责任，盈利才是企业的根本目标。在不影响企业经营获利的基础上，龙头企业基于吸纳土地、劳动力及政府产业扶贫资金的需要，才承担扶贫功能。因此，在精准扶贫过程中，龙头企业通过参与地方政府的扶贫活动，带动相应数量的贫困户脱贫以换取国家的产业扶贫资金注入，以扩大其经营规模或解决经营过程中的资金不足问题或争取国家的惠农补贴。龙头企业在产业扶贫过程中的牟利逻辑消解了扶贫济困的社会责任逻辑。同时，龙头企业本身又深受市场、自然灾害和天气等因素的影响，其农业经营充满不确定性，由其带动的产业扶贫同样充满不确定性。

蒋永甫等学者（2018）认为产业扶贫中的政府行为与市场逻辑相互消解，从根本上影响了产业扶贫的效果，提倡我国农村贫困治理体系中多元主体参与行为，肯定了政府的最重要主体作用，认为以龙头企业为代表的市场主体和社会组织甚至公民个体都可以成为贫困治理的主体。

第五章 职业教育支持精准扶贫的产业特色

以职业院校群体和职业教育教师为代表的职业教育参与到农村精准扶贫中,作为多元主体之一发挥了怎样与众不同的作用呢?以产业生产过程为例进行说明。图 5-1 展现了一个典型农村产业选择、生产及营销的过程。在这个过程中,各个环节由不同主体参与所发挥的功效是不一样的。

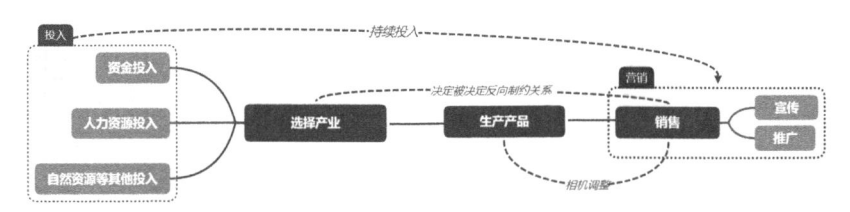

图 5-1 典型农村产业选择、生产及营销过程

典型农村产业选择、生产及营销的过程并不复杂,图 5-1 中的虚线部分是其与普通产业产销过程的区别。由于农村产业扶贫中的产业基础薄弱,各个环节的决策主体及行为主体可能不统一,同时行为主体自身能力尚有不足,这是由扶贫的"贫"字所体现和决定的。如果在市场经济过程中,这样的情况会被自然淘汰,但是扶贫的"扶"字又要求实施扶贫的各方主体应该尽量促成产销的实现。虚线所体现的循环往复及决定与被决定有关,反映在现实中则为多次交流沟通、频繁变化的过程,这要求每一次生产营销决策应符合市场环境要求,及时有效执行,这时候职业教育的三个近距离就发挥出作用,这也是职业教育区别于其他扶贫主体的特点所在。同时产业扶贫过程中应充分调动扶贫对象(同时也是产业生产营销过程的劳动者)的积极性,充分发挥职业教育的德育社会功能,以及职业教育的带动和示范作用。

结合前文所述的三个近距离和表 5-1 可以看出,职业教育支持精准产业扶贫领域在人力资源方面有天然的优势,这是职业教育的产业人才培育功能所决定的;同时,职业教育在产业选择、相机调控、持续投入方面都有其他主体所不具备的优势。

表 5-1 典型农村产业选择及生产销售关键环节下不同主体行为特征及结果分析

关键节点	节点现实要求	主导与参与主体及关系	行为特征	导致结果
产业选择	符合贫困地区、贫困人口具体情况的产业，能够改善当地经济水平、持续性的可持续性，提高群众收入	政府主导	政策性/非市场性/程序性	可能选择周期短、见效慢，但长期收益较大的产业
		企业主导	市场性/盲目追求利润	做出即期获利、竭泽而渔等市场短视行为
		第三方组织村民自主	自主性/积极性/灵活性	在可接受范围内灵活机变地选择
相机调控	生产和销售需要紧密配合；满足小众市场，长尾市场需求；市场波动引起的生产调整	政府主导	程序性	难以适应市场灵活多变的需求
		企业主导	市场性/盲目追求利润	放弃达不到规模经济的产品生产；强调企业利益而非贫困群体收益
		第三方组织村民自主	自主性/积极性/灵活性	承接小额个性化订单；产品微调；销售策略调整
持续投入	产供销产业链延长；持续生产过程中积累实力	政府主导	程序性	计划赶不上变化
		企业主导	成本受益原则	短期行为
		第三方组织村民自主	自主/灵活	产供销一体化；薄利多销增收；培育本地人才，激发内生动力

二、职业院校作为产业精准扶贫中第三方的优势

职业院校在职业教育支持精准扶贫的过程中参与了政府主导的产业扶贫和企业主导的产业扶贫两种形式,并创造性地发展出了第三方组织的村民自主形式。导致这种现实情况的因素众多,一方面并不是所有的贫困地区和贫困群众都能获得企业和政府产业扶贫的支持;另一方面所有贫困地区和贫困群众都有发展与自身经济能力水平相适应的产业生产,从而提高收入的需求。

第六章 职业教育扶贫扶智本色与新型职业农民培育

扶贫扶智是指在扶贫过程中不仅要解决贫困人口的经济问题，还要帮助他们提高智力水平和知识技能水平，以解决长期贫困的根本问题。习近平总书记高度重视扶贫扶智工作，并就加强贫困地区教育普及、提高教育质量等方面提出了相关要求。2017年11月10日，习近平总书记在中央财经委员会第三次会议上指出，要加大扶贫扶智力度，提高教育资源供给，在贫困地区实施有益于贫困家庭孩子发展的特殊政策。2018年7月17日，习近平总书记在中共中央政治局常委会会议上强调，要坚持精准扶贫、扶智相结合，为贫困地区提供优质教育资源，确保每个孩子都能享有良好的教育。2019年4月30日，习近平总书记在中央财经委员会第四次会议上指出，要把扶智工作纳入全面脱贫标准，确保贫困家庭中智力残疾儿童得到相应教育和康复帮助。2020年2月23日，习近平总书记在中央政治局常委会会议上强调，要坚定扶贫扶智目标，全面落实精准脱贫，推动贫困地区教育普及和质量提升。

第一节 职业教育扶贫扶智本色

职业教育扶贫扶智本色，指的是职业教育在帮助贫困地区和贫困人口实现脱贫和智力提升方面具有独特的天赋和优势。职业教育扶贫扶智的本色在于提供贫困群体就业扶持、职业技能提升、创业能力强化和整体智力提升。通过这些方式，职业教育能够发挥自身的特色和优势，为贫困地区居民提供实际帮助，帮助他们实现自我价值和社会融入。

① 贫困群体就业扶持。职业教育扶贫扶智的本色在于帮助贫困人口通过学习和培训获得就业能力，从而获得稳定的经济收入。职业教育致力于提供与市场需求对接的职业技能培训，增强贫困地区劳动力的就业能力，帮助他们脱贫致富。

② 职业技能提升。职业教育扶贫扶智的本色在于提升贫困地区劳动力的职业技能水平。通过教授实际的职业知识和技能，贫困人口能够更好地适应劳动力市场的需求，提高自身在就业中的竞争力，从而实现可持续发展。

③ 创业能力强化。职业教育扶贫扶智的本色在于培养贫困地区居民的创业能力。职业教育不仅关注就业，也注重培养创业精神和创新能力，通过提供创业教育和创业支持，帮助贫困人口创办自己的事业，实现自主就业和自我发展。

④ 整体智力提升。职业教育扶贫扶智的本色在于提升贫困地区居民的综合智力水平。除了传授职业技能，职业教育还注重培养学生的综合素质，包括职业素养、沟通能力、团队合作等。这些综合素质的提升将有助于贫困地区居民在不同的领域和就业机会中更好地应对挑战。

政府是扶贫扶智的主要责任主体，负责制定政策、规划和实施相关的扶贫扶智措施。政府需要提供经济支持，建立相应的扶贫扶智项目，并监督和评估其执行情况。教育部门是扶贫扶智的重要推动者，负责制定和实施有关职业教育和培训的政策，提供必要的教学资源和教材，组织和管理职业教育的实施。职业教育机构包括职业学校、技工学校、培训中心等，承担培训和教育贫困人口的任务。它们提供职业技能培训、创业教育和继续教育等服务，帮助贫困人口提升技能水平。产业企业和行业协会可以与政府和教育机构合作,提供实训基地、就业机会和行业认证等资源。它们可以为贫困人口提供实践机会和技能培训,帮助他们获得就业和创业机会。职业教育在扶贫扶智过程中需要和其他主体沟通联系并共同发力。

第二节　职业教育培养体系与新型职业农民培育

一、新型职业农业的概念及素质要求

新型职业农民是指具有科学文化素养、现代农业技术及经营管理能力的农民。他们既可以将农作物作为产品,自由进入市场进行销售,又可以借助科学文化知识和经营管理能力,完善农业耕种技术及收割技术,从而提升自我经济水平。2017年,农业农村部印发了《"十三五"全国新型职业农民培育发展规划》。该规划对新型职业农民培育设定了具体的目标。到2020年,全国的新型职业农民总数超过2000万人,其中,高中以上学历程度的人要占到35%以上。农业现代化的发展对农业从业者提出了更高的要求,我国当前的农村劳动力,不论是留守农民还是返乡农民的整体学历水平比较低,综合素质也不高,无法满足农业现代化发展的要求。农业现代化发展的关键是人的现代化,现代农业的发展需要大量的高层次的新型职业农民。高层次的新型职业农民不能由传统农民自动转化而来,而是需要经过专门的职业训练,提升其掌握现代科技知识的能力,并使其拥有一定创新意识和创新能力。

新型职业农民与传统农民在角色定位、技能和知识要求、综合素质要求以及发展模式等方面存在明显的区别。

① 角色定位不同。传统农民主要以农业生产为主,从事传统的

农业种植和养殖活动。而新型职业农民更强调农业的经营性和产业化发展，将农业视为职业，注重市场导向，积极探索农业产业链的延伸和农产品的加工与销售。

② 技能和知识要求不同。新型职业农民需要具备一定的技能和知识，包括现代农业技术、农产品加工、市场营销等方面的知识。相较之下，传统农民更依赖传统经验和口传心授的知识，对于市场需求和现代农业技术了解相对较少。

③ 综合素质要求不同。新型职业农民的综合素质要求相对较高，包括农业管理能力、市场分析能力、创新创业能力等。而传统农民的素质要求相对较低，更注重劳动技能和农业生产经验。

④ 发展模式不同。新型职业农民主要依托现代农业科技和先进的农业管理方式，在市场需求指导下进行农产品生产和经营，追求效益和可持续发展。而传统农民则更倾向于维持传统农业生产模式，以农业农村自给自足为目标。因此新型职业农民更注重农业产业化、市场导向和综合能力的发展，致力于推动农业的现代化和农村经济的发展。

二、新型职业农民培育过程的现实问题和困境

新型职业农民的培育也面临着诸多困难和亟须解决的问题。唐华仓（2007）将问题归纳为以下五个方面：人口规模大、起点低、对培训内容的认识不全面、生活环境与风俗的制约、没有相应的机制和制度。肖海燕等学者（2015）则认为新型职业农民培育面临的困境是：生源受限，农民积极性不高；师资结构与培养需求之间存在矛盾，农村职业教育培养体系不完善；缺乏专项经费，立法保障不足，相关机制不健全等。徐倩等学者（2020）基于调研数据，探讨了乡村振兴战略下新型职业农民培育的"盲点"，并针对"盲点"提出了破解的意见和建议。由上述研究可以看出，对新型职业农民的培育

是一个长期的系统的工程,既需要社会保障制度,也需要配合政府职能工作部门的组织和协调等,绝不是一蹴而就的。新型职业农民是未来农民发展的大势所趋。

三、职业教育培养体系与新型职业农民培育的契合性

① 培养类型和层次的契合性。新型职业农民有不同的层次和类型,例如生产经营型、专业技能型和社会服务型等。职业教育的专业体系涵盖了社会所需的各种技能岗位所需要的知识和技能体系,二者在本质上是一致的。同时职业教育的技能等级体系也适合不同技能水平和层次的培训需求。郭小建、齐芳(2021)指出职业教育在应用型人才培养定位、招生的"亲民性"、行业资源优势、完善实用教育培训平台,以及新型职业农民培育中具有独特的优势。

② 培养内容的一致性。高职教育的应用型人才培养定位与新型职业农民的素质要求相吻合,职业教育的培养目标是应用型的,对于新型职业农民而言,应用型的知识、经验和能力是其不可缺少的素质;职业教育的办学定位是区域性的,本土本乡的人才培养更能服务于农村一线的生产服务和管理工作。按照不同教育类型的定位及服务对象,与高等教育实行精英教育不同,职业教育主要服务于广大技能劳动者。

2019年教育部联合14部门颁发《职业院校全面开展职业培训促进就业创业行动计划(2019—2022年)》。该计划规定,职业院校要面向三类人群开展三类培训:一要面向企业职工开展技能培训;二要面向高校毕业生、退役军人、农民工、去产能分流职工、建档立卡贫困劳动力、残疾人等重点人群开展就业创业培训;三要面向"失业人员"开展再就业培训。这充分说明了职业教育是面向全体劳动者的。因此职业教育对传统农民向新型职业农民转化的培育是适合的。

③ 培养体系的适用性。职业院校在职业技术技能培养等方面具有较为完备的体系，对于新型职业农民培育具有一定的技术、方法等方面的优势。对于准备返乡创业的农民工，职业院校可以开展网络教育、远程教育来提升他们的技术技能。因此职业教育应该承担起新时代新型职业农民培育的重任，以满足农业现代化发展对高层次人才的需求。

④ 培养质量的保障性。职业教育具有行业资源优势，能够保证新型职业农民的培育质量。2020年《高等职业教育质量年度报告》显示，我国企业对高职院校的资金投入占70%，有实践技术、资源投入的企业占84%，有人力资源合作的企业达到90%，超过85%的企业与区域内的高职院校有过人才培养、课程开发等方面的合作。可见，高职院校在与行业企业合作过程中，可以充分利用行业企业的资源优势，这些优势可以在新型职业农民培育中得以发挥，进而能够提升新型职业农民的培育质量。

职业教育培养体系与新型职业农民培育有较高的契合性，可以为新型职业农民的培育提供有针对性的专业知识、实践技能和创新创业能力培训，促进农业现代化和农村经济的发展。职业教育强调职业技能的培训和实践能力的提升，培养学生具备实际工作所需要的技能和素质。而新型职业农民需具备现代农业生产和经营所需的专业知识和技能，职业教育能够提供实际操作技能课程，符合新型职业农民的培育需求。职业教育强调市场需求和就业导向，职业教育的目标是培养适应市场需求的专业人才，注重就业能力的培养。新型职业农民发展的关键在于经营农产品、延伸农业产业链和加工农产品等，职业教育提供了与市场需求相契合的农业经营与管理方面的知识和技能。职业教育注重培养学生的创新创业能力，培养学生适应未来就业市场的创业能力和创新思维。新型职业农民需要具备市场分析能力、创新能力和创业能力,要能够主动适应农业现代化发展和市场化需求,职业教育培养体系有助于培养这些能力。职业教育引入先进的农业科学和技术,培养学生掌握现代农业生产的专业知识和技术。新型职业农民需要具备现代农业技术的应用和管理能力,职业教育能够提供与之相匹配的专业知识和技术培训。职业教育精准扶贫路径与新型职业农民特征的对应关系如图6-1所示。

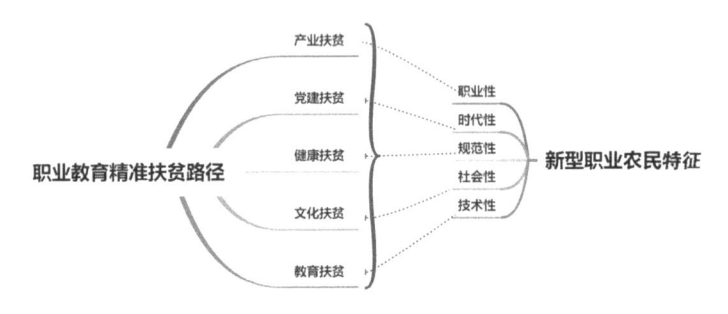

图6-1 职业教育精准扶贫路径与新型职业农民特征的对应关系

第三节 角色转换、素质提升、新型农村社会网络建立

一、新型职业农民的角色转换

职业教育精准扶贫的对象是贫困地区的贫困人口。这些人口在生活水平、生产水平、生活方式等各个方面均落后于平均水平。换句话说,他们仍然延续了传统农业的生产以及传统农户的生活。职业教育支持精准扶贫的本质就是要改变贫困地区贫困人口多的现状。职业教育在产业扶贫过程中,通过培训、就业帮扶等路径提升了贫困人口的人力资源属性,使传统农户逐步衍生出农业产业工人、城镇非农产业从业者、小业主或者农村经济组织的经营管理者,乃至

农业企业经营者等多种角色，这些角色本身就是新型职业农民所涵盖的。

① 农业产业工人。农业产业工人是指以工资收入为主要经济来源，从事农产品生产加工与销售的劳动者。农业产业工人主要包括受雇于农业产业或企业的产业工人、为农业生产经营户打工的职业农业劳动者、农场的产业工人等。

② 城镇非农产业从业者。随着现代农业和城镇的发展，农村或乡镇中出现了工业、建筑业、交通运输业、批发贸易、餐饮业和服务业等非农产业，加之原来传统农业的延伸、深加工，共同促进了农村城镇化和工业化的发展，吸纳了农业剩余劳动力。

③ 小业主或者农村经济组织的经营管理者。为适应经济社会的发展，我国农村成立了一些新的经济组织，包括合作社、联合体等。这些组织的经营管理者主要包括农民合作组织管理人员、农机服务组织管理人员、农村经纪人等。

④ 农业企业经营者。农业企业经营者也称农村能人，指在农村创业和发展，依据市场经济规律，优化配置农业产业资源或其他资源，实现农业现代化和农业产业化，推动传统农业向现代农业转换的人。这些企业可以是农林牧渔产业企业、养殖产业企业、园艺产业企业，也可以是旅游产业企业、加工企业、运输企业。

我国农业农村部网站数据显示，2021年我国农民专业合作社的数量较2019年显著增长，这为培育我国农村农业经济组织的经营管理人才奠定了基础；参与专业合作社的贫困农户数量也呈现增长趋势，这说明农业合作社作为农民自愿互助组织，吸纳了更多贫困农户，更多贫困户实现了有组织的生产活动。2019年、2021年我国农民专业合作社情况如表6-1所示。由表6-2可知，我国农机作业水平持续增长，综合机械化率高达70千公顷，这也为我国培育农业技能人才提供了坚实的物质基础。

表 6-1 2019 年、2021 年我国农民专业合作社情况

指　标	2019 年	2021 年	年增长率（%）
农民专业合作社数（个）	1935273	2031262	2.48
农民专业合作社建档立卡贫困农户数量（个）	511866	3429403	9.78

（数据来源：摘选自农业农村部网。）

表 6-2 我国农机作业水平年度变化情况

时间（年）	机耕面积（千公顷）	机耕率（%）	机播面积（千公顷）	机播率（%）	机收面积（千公顷）	机收率（%）	全国农作物耕种收综合机械化率（%）
2013	113757.8	76	80309.6	48.8	77416	48.2	59.5
2014	117417.7	77.5	83956.3	50.8	83270	52.3	61.6
2015	119876.4	80.4	86651.2	52.1	87644.4	53.4	63.8
2016	121017.7	81.4	87917.8	52.8	91722.4	56	65.2
2017	122704	83	90045.7	55	94900.5	58.5	67.2
2018	123611.1	84	94440.6	56.9	100260.5	61.4	69.1
2019	124132.5	85.22	95085.3	57.3	101886.1	62.46	70.02
2020	128129.1	85.49	98777.9	58.98	105504.1	64.56	71.25
2021	128176.5	86.42	101593.5	60.22	108030	64.66	72.03

（数据来源：摘选自农业农村部网。）

二、新型职业农民的素质提升

在扶贫过程中，农民的素质也可以得到提升。职业教育支持精

准扶贫主要从以下几个方面培育农民素质,如图 6-2 所示。

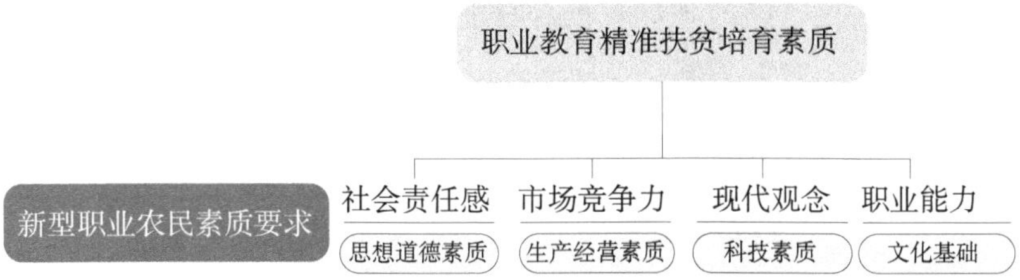

图 6-2 职业教育支持精准扶贫的农民素质培育

① 巩固思想道德素质,增强社会责任感。新型职业农民要有良好的从业态度、职业道德和社会责任感。这些要依靠职业教育的培训以及生产实践过程中的管理规范化来逐步强化,使得新型职业农民保持对生活积极乐观的态度、对知识技能的不断探索和获取。

② 优化生产经营素质,提升市场竞争力。新型职业农民的生产经营素质是其参与市场竞争、实现收益的关键。作为社会大生产的一部分,农业生产必须要和市场对接,由市场来实现收益、检验成果。职业教育引领农民融入新的市场经营运作,在实践中完成生产经营模式不断演进的同时,现代农民生产经营素质也在不断提升,最终融入现代化市场体系。

③ 提高科学素质,树立现代观念。职业教育扶贫工作者在实践中举办了多种科技讲座、实施了多种技术辅导,从依靠科技发展农村、建设农业农村的视角切入精准扶贫。现代农业要走特色化发展和全产业链发展的新路子,新型职业农民作为生产经营过程中的主体,必须具备生产能力、科技创新及应用能力、资源组合能力、经营管理能力及市场运作能力。职业教育扶贫通过培训、开展实践活动,让农民能切实地学、看、用,逐步树立现代化观念。

④ 夯实文化基础,拓宽职业能力。农民文化教育水平直接影响着农民整体素质的提升。职业教育精准扶贫中强化对农村人力资源

的培养和提升，并通过各种形式的培训，改善现有人口的人力资源状况，使农民转换成技能农民和技能工人，从而满足"三农"领域对专业人才的需求，进一步打造高质高效的农业、宜居宜业的乡村，以及富裕富足的农民。

三、扶贫过程中的新型农村社会网络建立

社会网络是一种社会组织形式。在社会情境下，人们由于彼此之间的关系而互相影响，并以相似的方式思考和行动。我国农村社会自古以来就是一个以伦理关系为本位的人情社会，小农经济条件下，形成了一套完整的农村传统伦理道德体系。随着市场经济的演进以及城镇化的发展，农村社会网络关系受到冲击而改变，总体的发展趋势是向城镇化发展、随着市场经济的发展而发展、随着新型农村社会网络的建立而发展。农村社会网络关系的发展涉及方方面面的问题，有专业合作社建设过程中的社会网络发展、农村城镇化以后社区的社会网络建立与发展，还有新型农业、乡村旅游业、休闲产业发展过程中的社会网络关系的发展。这些社会网络关系的建立与发展将影响农村基层治理，是农村社会学研究未来发展的重要领域。

在扶贫过程中，可以产生以下新型农村社会网络。

① 合作社网络。扶贫项目可以促进农民之间的合作，组建农民专业合作社、农业合作社等组织。这些合作社可以提供农业生产、销售、加工等方面的支持和服务，帮助农民共同发展。合作社成员之间可以建立相互合作、交流和分享资源的网络，形成新型的农村社会网络。

② 农民培训班网络。扶贫项目可以开展农民培训班，集中培训农民的知识和技能。在培训班中，农民可以结识来自不同地区的同行，建立联系和交流经验。农民之间可以建立友好和合作的关系，形成新型的农村社会网络。

③ 农业科技示范点网络。扶贫项目可以设立农业科技示范点，

向农民展示先进的农业技术和栽培方法。通过参观和学习，农民可以结识科技人员和农业专家，建立与他们的联系和交流。这些联系可以扩大到其他农民之间，形成新型的农村社会网络。

④ 扶贫协作组网络。扶贫项目可以组建扶贫协作组，由贫困户和企业、社会组织等共同参与。这些协作组可以进行农产品生产、加工和销售等合作活动，形成合作伙伴关系。通过协作组的合作和交流，新型的农村社会网络得以形成。

这些新型农村社会网络可以提供信息交流、资源共享、合作发展的平台，促进农民之间的联系和互助。通过这些网络，农民可以从中获得更多的机会和资源，提升自身能力和发展潜力。

03　实践进行篇

第七章　职业教育精准扶贫与乡村振兴有效衔接

第一节　两大战略有效衔接的学理诠释

一、两大战略有效衔接的背景及研究述评

2020年12月，习近平总书记宣布我国实现现行标准下的全民脱贫。此后，从发展的角度探索如何跨越从脱贫攻坚到乡村振兴的现实鸿沟，实现精准扶贫与乡村振兴两个战略阶段的衔接成为我国近几年的工作重点。

精准扶贫和乡村振兴是中国扶贫工作的两个重要战略，它们在理论逻辑上有着密切的联系。

精准扶贫是指根据不同地区、不同家庭的贫困原因和特点，制定具有针对性的扶贫政策和措施，确保扶贫资源精确投放，实现贫困人口的全面脱贫。精准扶贫的核心思想是根据贫困人口的实际需求，按照"准确识别、精准施策、精细管理、精确落实"的原则，实施有针对性的扶贫措施，推动扶贫工作更加精准有效。精准扶贫的理论逻辑是通过精确的数据分析和目标识别，找准扶贫的重点和方向，确保扶贫资源真正惠及贫困人口，最大限度地减少贫困人口。

乡村振兴是指以农业农村为重点，通过推进农业现代化、乡村产业振兴、生态文明建设和农村社会进步，实现农村经济、社会和生态文明的全面发展。乡村振兴的核心思想是通过提高农村产业发展水平，改善农民生产和生活条件，促进农村社会进步，实现农村

经济、社会和生态环境的全面提升。乡村振兴的理论逻辑是通过农业农村的振兴，带动经济增长，促进就业，改善农民的收入水平，实现城乡经济社会协调发展。

精准扶贫和乡村振兴的联系在于，精准扶贫是乡村振兴的重要基础和前提。只有通过精准扶贫，解决贫困地区的尖锐贫困问题，才能为乡村振兴提供坚实的物质基础和人力资源。同时，乡村振兴也为精准扶贫提供了重要支撑和平台。通过乡村产业的振兴和农村经济的发展，为贫困地区提供更多的就业机会和增收途径，为实施精准扶贫提供可持续的支持。

综上所述，精准扶贫和乡村振兴在实践中需要相互配合、相互促进，共同推动我国农村全面发展和乡村社会进步。

乡村振兴战略是精准扶贫战略的延伸和拓展，实现二者的有效衔接对实现我国农业农村现代化意义重大。

乡村振兴战略对于我国"三农"工作具有重要意义。2017年党的十九大报告首次提出乡村振兴战略，并明确指出乡村振兴是关系全面建设社会主义现代化国家的全局性、历史性任务，是新时代"三农"工作总抓手；2018年，中央一号文件专门对实施乡村振兴战略做出具体部署；2018年9月，国务院印发《乡村振兴战略规划（2018—2022年）》；2019年，国务院发布《关于促进乡村产业振兴的指导意见》；2019年，中央一号文件的主题为坚持农业农村优先发展；2020年，中央一号文件的主题是抓好"三农"领域重点工作，确保如期实现全面小康；2021年，中央一号文件的主题是全面推进乡村振兴，加快农业农村现代化；2022年，中央一号文件的主题是全面推进乡村振兴重点工作。通过对上述文件的梳理，亦可看出乡村振兴在我国经济社会发展的重要战略地位。2021年2月，国家乡村振兴局在国务院扶贫办基础上改建成立，凸显了我国从精准扶贫到乡村振兴的战略转变。

职业教育一直是教育领域支持精准扶贫的排头兵。从脱贫攻坚到乡村振兴是我国农业农村现代化进程中的一次重大转向。如何调整职业教育自身功能，实现精准扶贫与乡村振兴的有效衔接（以下简称有效衔接），更好服务国家战略转换，完成时代任务，是职业教育从业者及研究者亟须考虑的问题。

关于精准扶贫与乡村振兴的有效衔接学理阐释，具体包括理论逻辑、历史逻辑、实践逻辑、内涵和机理等。精准扶贫与乡村振兴既在理论逻辑、历史逻辑和实践逻辑上具有高度耦合性，又在扶持对象、思维理念和区域范围上具有显著差异性。精准扶贫解决乡村振兴的前端问题与底线短板，乡村振兴是对乡村地域整体功能的全方位诊断与优化，为乡村贫困问题的解决提供全方案。从精准扶贫到乡村振兴的有效衔接有着"有序衔接、平稳过渡"的价值理念、"以人民为中心"的价值旨归、"全体人民共同富裕"的价值追求三个层次的价值意蕴。

目前有效衔接学理阐释领域的研究已经达成共识，并奠定了有效衔接研究的理论基础。

二、两大战略有效衔接的目标和效益

精准扶贫与乡村振兴的有效衔接是为了综合利用资源、突出重点和特色、提高脱贫质量和可持续发展能力、实现农民增收和社会稳定等。

① 综合利用资源。精准扶贫和乡村振兴都需要充分利用各方面的资源，包括财政资金、人力资源、土地资源等。通过从精准扶贫到乡村振兴的有效衔接，可以实现资源的综合利用和最大化效益，避免重复投入和资源浪费。

② 突出重点和特色。精准扶贫和乡村振兴都需要在有限的资源条件下，突出重点领域和特色产业的发展。通过从精准扶贫到乡村

振兴的有效衔接，可以确保扶贫工作和乡村振兴的重点领域相互促进，形成良性循环和互补效应，实现更高效的发展。

③ 提高脱贫质量和可持续发展能力。精准扶贫与乡村振兴的有效衔接可以提高脱贫质量和可持续发展能力。通过精准扶贫，可以帮助贫困地区的农民摆脱贫困，并逐步实现自主发展。而乡村振兴则可以为贫困地区提供更多的发展机遇和支持，有助于巩固脱贫成果，实现全面发展。

④ 实现农民增收和社会稳定。精准扶贫与乡村振兴的有效衔接可以帮助农民实现增收，改善农民的生活条件，提高农民的获得感和幸福感，促进社会稳定和谐。通过从精准扶贫到乡村振兴的有效衔接，可以推动农村产业发展、增加就业机会、改善基础设施和公共服务，为农民创造更多的经济机会和社会福利，提高农村居民的生活质量。

三、两大战略如何才能有效衔接

精准扶贫与乡村振兴的有效衔接通过动态识别与分类、整体规划与整合资源、政策衔接与协同推进，来实现贫困地区脱贫和乡村振兴工作的有机衔接和互相促进。

① 动态识别与分类。精准扶贫需要通过对贫困人口进行准确的识别和分类，了解其贫困原因和特点，为其提供有针对性的扶贫政策和措施。而乡村振兴需要根据不同地区的实际情况，制定相应的乡村振兴战略和政策。两者都需要对农村贫困和发展情况进行动态监测和评估，以便及时调整和优化政策措施，确保精准扶贫与乡村振兴的有效衔接。

② 整体规划与整合资源。精准扶贫和乡村振兴都需要充分整合各方面的资源，包括财政资金、土地资源、技术支持等，以实现农村经济和社会的全面发展。在理论逻辑上，精准扶贫的目标是通过

有限的资源，精确地帮助贫困人口摆脱贫困；而乡村振兴的目标是通过整体规划和资源整合，促进农村产业振兴和农村经济的发展。两者需要在整体规划和资源配置上协调一致，确保扶贫资源的有效利用，推动扶贫工作的顺利进行。

③政策衔接与协同推进。精准扶贫和乡村振兴需要在政策层面实现有效衔接和协同推进。精准扶贫的政策在一定程度上为乡村振兴提供了重要基础，通过精准扶贫政策的实施，推动贫困地区的经济发展和社会进步；而乡村振兴的政策需要充分考虑贫困地区的特殊情况和需求，为其提供特殊支持和政策优惠。两者需要在政策层面上相互衔接、互为补充，推动贫困地区的全面脱贫和乡村振兴工作的顺利进行。

第二节 两大战略有效衔接的政策、机制研究

现有研究分别基于社会质量理论、治理理论，以及外部效应内在化处理机制、新内生动力机制，从机制构建视角、产业发展视角、贫困治理绩效视角、政策工具视角、长短期视角、治理视角、公共性视角、公共政策视角、政策转移接续视角、政策协同视角，对如何有效衔接进行了探讨和分析。从精准扶贫到乡村振兴的有效衔接实质上是一个极其复杂的系统结构调适和转换的过程，涉及政治、经济、社会等总体性领域和方面，需要做好"三类政策"衔接、"三个一批"调整、"三方协同"落地的政策顶层设计，构建包括从顶层到基层的全方位巩固机制、贫困与非贫困统筹的全领域拓展机制以及从精准扶贫到乡村振兴的全过程接续机制。

根据政策实施的目的，扶贫政策可划分为保障类政策、支持类政策、发展类政策三大类。"三类政策"在脱贫攻坚中发挥的作用各

不相同。保障类政策的目的在于保证贫困户基本生存与生活条件，主要包括健康扶贫政策、易地扶贫搬迁与危房改造政策，以及低保、医保、养老保险、特困人员救助供养、临时救助等综合社会保障政策等；支持类政策主要用于拓宽贫困户增收渠道、提高贫困户生活水平与质量，如财政支持政策、土地支持政策、生态补偿政策、东西部扶贫协作与省内对口帮扶政策等；发展类政策是满足贫困户自我实现、自我发展需要的重要举措，主要有扶贫小额信贷政策、就业扶贫政策、产业扶持政策等。在过渡期内，需着力巩固拓展脱贫攻坚成果并对接乡村振兴战略要求，优化完善保障类、支持类、发展类政策举措并将其转换到实施乡村振兴战略上来。"三个一批"则为持续巩固一批、有效拓展一批、创新升级一批的政策调整思路，推进扶贫政策平稳转型与优化调整。"三分协同"则是指分区引导、分类管理、分段评估等区域政策的落地实施。

为实现精准扶贫与乡村振兴的有效衔接，可以建立如下机制。

① 信息共享机制。建立信息共享平台，及时收集、整合和共享精准扶贫和乡村振兴相关的数据和信息。确保精准扶贫和乡村振兴政策的一致性和衔接性，提供决策支持和实施指导。

② 政策对接机制。建立跨部门、跨地区的政策协调机制。各级政府部门要加强沟通和合作，确保精准扶贫政策和乡村振兴政策的衔接和配套，同时加强政策宣传和培训，确保政策的理解和落实。

③ 项目对接机制。建立精准扶贫项目与乡村振兴项目的对接机制。各级政府要加强项目管理和协调，确保精准扶贫项目和乡村振兴项目能够有机衔接，实现资源整合和效益最大化。

④ 资金对接机制。建立财政资金的对接机制，确保精准扶贫和乡村振兴的资金能够有序衔接。要加强财政部门和金融机构的合作，探索多元化的资金来源和融资渠道，确保贫困地区和乡村振兴项目的资金需求得到满足。

⑤ 评估监测机制。建立精准扶贫和乡村振兴的评估监测机制。通过定期评估和监测，及时了解政策和项目实施情况，如果发现问题和不足，及时调整和改进工作，确保精准扶贫与乡村振兴的有效衔接和可持续发展。

这些机制的建立和运行需要政府部门、社会组织和其他各界力量的共同参与和协作，以实现精准扶贫与乡村振兴的有效衔接，推动农村贫困地区的发展，实现农民的持续增收。

第三节 从精准扶贫到乡村振兴有效衔接的实践路径研究

现有实践研究以一省一地或一村一镇为对象，既有四川、湖南、贵州省级实践的经验总结，也有三区三州、民族地区的特定区域探索，还有对甘肃某村、宁夏某镇、少数民族村寨、武陵山片区园的实践调研。研究发现从精准扶贫到乡村振兴的有效衔接仍然面临短期效应与长期目标存在内在冲突、减贫行为与贫困治理尚不匹配、乡村市场化不足与过度并存等多重现实困境；有些地方在衔接设计、产业衔接、动力衔接、保障衔接等方面还存在一些问题。上述研究为各级政府、各级行政管理者提供了促进从精准扶贫到乡村振兴有效衔接的经验参考。

目前基于多视角的政策机制研究也趋于完善，无论是从未来发展，还是从我国幅员辽阔的地理空间角度来看，实践研究都适逢其时、大有可为。而且，从现有研究数量来看，精准扶贫与乡村振兴的有效衔接的学理阐释、政策机制研究数量较多，而实践探索研究数量少于前二者；从研究对象来看，当前实践研究以地理区划为对象，隐含政府主体视角，仅有一篇基于企业主体视角的研究，且并无其他主体视角的研究，而精准扶贫与乡村振兴的有效衔接本身涉及政府、企业、社会等多元主体。因此，从职业教育、职业院校的视角展开实践探索大有可为，旨在进一步充实我国精准扶贫与乡村振兴的有效衔接的实践研究内容。

一、研究模型

基于政策的延续性和职业院校帮扶主体行为的持续性，本研究把职业院校精准扶贫模式作为前因变量，乡村振兴衡量标准作为结果变量，分析采用不同扶贫模式组合的多个案例中，哪些组合更有效、更易于达成乡村振兴结果，深入探讨职业教育在有效衔接实践中的可为、应为及角色调适等问题，为职业教育在有效衔接中的实践提供参考和建议。图7-1所示为研究模型。

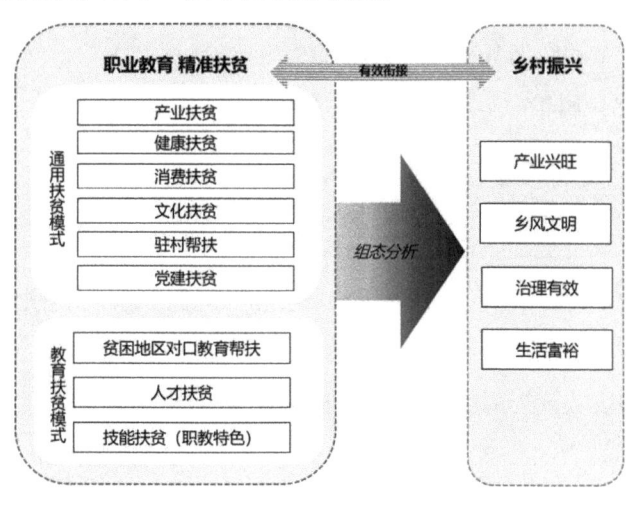

图7-1 研究模型

二、研究方法

本研究尝试突破以往研究所采用的单一案例、描述性分析方法，采用定量与定性思维相结合的组态比较方法。

定性比较分析（Qualitative Comparative Analysis，QCA）方法从

1987年提出至今已发展成为社会科学领域的基础研究方法，近年来，在国内管理学研究领域得到推广应用。精准扶贫与乡村振兴的有效衔接是一个复杂的系统调适和转换过程，且前因后果中既有难以量化的主观指标，也有因时空不同步导致的数据不可比问题，传统实证分析方法并不适用。而基于多案例分析的组态比较方法，能够很好地兼顾案例本身内涵和多案例之间互动丰富、理论上有多重因果关系组合的可能情形，同时克服了当前精准扶贫与乡村振兴的有效衔接研究中以个案研究、具体区域调研为主的固定模式，从而产生出更普遍、更可验证的结论。QCA包括清晰集定性比较分析（csQCA）、模糊集定性比较分析（fsQCA）与多值集定性比较分析（mvQCA）三种主要分析技术。本文采用的是清晰集定性比较分析方法，csQCA与本研究的契合点在于：csQCA天然适用于中小规模样本、数据类型为布尔型变量（0,1变量）的数据分析；而本书的案例原始数据为布尔型变量，且案例数为25，属于中小规模的案例比较研究。

三、案例选取

案例取自全国职业院校巩固扶贫成果服务乡村振兴协作联盟。该联盟于2018年成立，前身为全国职业院校精准扶贫协作联盟，旨在凝聚各方面力量促进全国职业院校精准扶贫的交流与合作。该联盟得到了全国职业院校的积极响应，并发挥了良好的平台作用。本研究于该联盟网站2018—2022年的375个新闻案例中选取出120个案例作为一级备选案例库，同时结合调研、资料收集工作，合并重复案例、剔除信息不全案例，以及剔除校校帮扶、合作办学（如常州纺织服装职业技术学院与宁夏工商职业技术学院帮扶案例）、职业院校内部贫困生资助工作（如安徽国防科技职业学院2021年度学生资助工作盘点）等不符合本研究设计的典型案例，最终确定了25个案例进行定性比较分析。案例选取遵循了如下三个原则：样本量符合定性比较分析方法对案例数量的要求；案例具有一定覆盖面，覆盖我国东中西部较广的地理范围；案例间存在异质性，所选职业院校覆盖了农、林、艺、综合等多种院校属性，如金融、航海、畜牧等专业院校（如浙江金融职业学院、泉州海洋职业学院、山东畜牧兽医职业学院）及综合类院校（如杭州职业技术学院、湖北职业技术学院）。

四、前因变量测量

本文选取职业院校在精准扶贫时常用的九种模式作为前因变量：① 产业扶贫模式；② 健康扶贫模式；③ 消费扶贫模式；④ 文化扶贫模式；⑤ 驻村帮扶模式；⑥ 党建扶贫模式；⑦ 贫困地区教育对口扶贫模式；⑧ 人才扶贫模式；⑨ 技能扶贫模式。

前因变量的选取参考国家乡村振兴局文件，如"六个精准"中"因村派人精准"而形成的驻村帮扶，"五个一批"中的产业扶贫、健康扶贫、消费扶贫、文化扶贫等。为了考察作为类型教育的职业教育特色扶贫效果，本研究还参考了全国职业院校精准扶贫协作联盟对精准扶贫的分类，将教育扶贫模式、职教特色扶贫模式在研究中单独列示，便于观察。表7-1所示为本文所选案例中职业院校实际采纳的精准扶贫模式组合。

表7-1　25个职业院校扶贫案例

案例序号	职业院校	帮扶对象	采取的精准扶贫模式组合
1	湖南工艺美术职业学院	通道侗族自治县	①④⑤⑥⑦⑨
2	石家庄邮电职业技术学院	张北县玉狗梁村	①②⑤⑥
3	苏州工艺美术职业技术学院	贵州省雷山县麻料村	①④⑧⑨
4	浙江金融职业学院	台州市龙溪乡黄水村	①⑤⑨
5	泉州海洋职业学院	宁德市寿宁县下党村	①③⑦⑨
6	杭州职业技术学院	丽水市莲都区紫金街道杨坑村	⑦⑧⑨

续 表

案例序号	职业院校	帮扶对象	采取的精准扶贫模式组合
7	顺德职业技术学院烹饪学院	凉山州金阳县热柯觉乡丙乙底村	⑤⑧⑨
8	湖南生物机电职业技术学院	湘西泸溪县洗溪镇三角潭村	①⑤⑥⑦⑨
9	遵义职业技术学院	正安县小雅镇桐子坪村	①⑤⑥⑧
10	安徽国防科技职业学院	安徽省六安市金安区三十铺镇太平村	①⑤⑥
11	兰州资源环境职业技术学院	天水市麦积区伯阳镇	⑥⑦⑨
12	山东畜牧兽医职业学院	山东省潍坊市峡山区郑公街道西山甫村	⑤⑥⑦
13	福建理工学校	福州市罗源县霍口畲族乡石坪洋村等	⑧⑨
14	兰州石化职业技术大学	张家川回族自治县龙山镇	④⑦⑧
15	广西建设职业技术学院	广西天峨县、广西都安县、广西忻城县等	①⑤⑥
16	重庆财经职业学院	重庆秀山县	③⑤⑦⑧
17	湖南科技职业学院	土家族苗族自治州落叶洞村	①②④⑦⑨
18	天津轻工职业技术学院	天津市蓟州区东店子村	①⑤⑥⑧
19	湖北职业技术学院	湖北省孝感市大悟县	⑤⑧
20	南宁职业技术学院	广西壮族自治区南宁市上林县绿浪村	①⑤
21	成都农业科技职业学院	四川省大凉山	①⑤⑦⑨
22	重庆工程职业技术学院	巫溪县吉龙村	⑤⑥⑨
23	湖南环境生物职业技术学院	麻阳县弄里村	①②③⑤⑨
24	铜仁职业技术学院	松桃苗族自治县木树镇美意村	①⑤⑨
25	湖北三峡职业技术学院	五峰土家族自治县苏家河村	①④⑤⑥⑨

（资料来源：全国职业院校巩固扶贫成果服务乡村振兴协作联盟。）

第七章　职业教育精准扶贫与乡村振兴有效衔接

本研究中九种扶贫模式的具体界定如下。

① 产业扶贫模式。在该模式下，职业教育产业扶贫主要采用两项举措：一是职业院校为帮扶地区已有产业发展提供支持，如为贫困地区产业提供技术帮助，助力其研发新产品、新材料等，为贫困地区产业发展搭建服务平台，制定合适的营销方案（如兰州资源环境职业技术学院为定点帮扶贫困地区邀请农业技术专家开展花椒种植培训；上林县绿浪村在南宁职业技术学院定点帮扶下，因地制宜全力打造绿色油茶产业，开设"乔绿浪"山茶油直播带货培训班，制定营销方案，帮助村民就业增收）；二是职业院校携手帮扶地区培育新产业。培育新产业主要有两种做法：一是职业院校根据帮扶地区的实际情况，引进企业量身开发的产业发展项目；二是由职业院校牵头，引进适合本地产业发展的新项目（如成都农业科技职业学院根据定点帮扶地区大凉山的实际情况，因地制宜，找到了适合在这里种植的植物薰衣草，并帮助打造了薰衣草种植观光基地）。本研究将职业院校对贫困地区实行产业扶贫模式的案例赋值为1，未实行产业扶贫模式的案例赋值为0。

② 健康扶贫模式。在该模式下，职业院校对于贫困地区的健康扶贫主要体现在以下四个方面：一是开展健康宣传工作，职业院校组织学生和教师到贫困地区宣传健康和卫生知识，使贫困人口养成良好的卫生习惯；二是开展医疗服务工作，职业院校通过向贫困地区派遣健康守护员，为贫困人口提供免费问诊服务（如石家庄邮电职业技术学院向河北省张北县玉狗梁村派遣健康守护人，组织在村老年人练瑜伽，改善背驼腰弯腿疼的病症，老年人的身体和精神面貌发生了巨大变化）；三是职业院校向贫困地区输送短缺的医疗物品；四是职业院校对帮扶地区"因病致贫、因病返贫"的贫困家庭进行定点帮扶。本研究将职业院校对贫困地区实行健康扶贫模式的案例

赋值为1，未实行健康扶贫模式的案例赋值为0。

③ 消费扶贫模式。在该模式下，职业院校对贫困地区的消费扶贫主要体现在以下两个方面：一是职业院校通过整合校内外各种资源，包括教职工和学生市场资源，通过"以购代捐""以买代帮"的方式提高受助农企农户的销售收入；二是职业院校通过与定点单位签订消费扶贫帮扶协议书，使电商专业师生利用专业优势，帮助贫困地区搭建产品线上销售平台，为贫困地区产品的线上销售提供电商技术指导、产品包装设计等，解决产品销售难的问题（如泉州海洋职业学院与宁德市寿宁县下党村签署帮扶订制茶园协议，以"爱心茶园主"的身份向下党村订购五亩茶园，并通过职工福利、低价向学生出售等方式，增加农产品的销量）。本研究将职业院校对贫困地区实行消费扶贫模式的案例赋值为1，未实行消费扶贫模式的案例赋值为0。

④ 文化扶贫模式。在该模式下，职业院校对于贫困地区的文化扶贫主要采用以下三项举措：一是文化宣传，通过组织师生深入当地调研，把当地特有的文化传播出去，使当地文化大放异彩；二是对帮扶贫困地区的文化基础设施进行建设（如兰州石化职业技术学院先后为定点帮扶贫困村捐赠了80台电视机、4套办公电脑、200册农业知识图书、12套现代体育健身器械等，以及资助了25万元经费用于群众文化广场建设）；三是注重构建和完善多元文化活动的载体和平台，组织文化团体开展文化下乡活动。本研究将职业院校实行文化扶贫模式的案例赋值为1，未实行文化扶贫模式的案例赋值为0。

⑤ 驻村帮扶模式。在该模式下，职业院校的驻村帮扶模式大致分为两种：一是骨干教师驻村帮扶模式，这种驻村帮扶一般是短期的，教师通过对贫困村进行上户走访、询问精准扶贫政策落实情况，

使贫困人口尽快脱贫致富；二是职业院校选派优秀干部以第一书记的身份进行驻村帮扶，驻村帮扶人员针对贫困村的地方发展特色积极引进扶贫资金和项目（如遵义职业技术学院驻村干部为正安县小雅镇桐子坪村支持和协调项目资金227万元，协调其他资金和设备60万元，引进优良红薯种植，进行红薯粉加工，投资32万元建设红薯加工厂）以及配合贫困村党支部、村委会完成脱贫任务，全力助力乡村振兴。本研究将职业院校对贫困地区实行驻村帮扶模式的案例赋值为1，未实行驻村帮扶模式的案例赋值为0。

⑥党建扶贫模式。在该模式下，职业院校党支部和贫困地区乡、镇、村基层党支部签订结对帮扶协议，通过开展主题党日活动、走访和慰问贫困户、政策共促、资源共享等一系列结对共建活动，共同解决群众急事难事，实现职业院校与农村基层党支部组织力的双向提升（安徽国防科技职业学院信息技术学院软件党支部与金安区三十铺镇太平村党支部联合开展"以党建引领扶贫 以共建促推'双创'"结对共建主题党日活动）。本研究将职业院校对贫困地区实行党建扶贫模式的案例赋值为1，未实行党建扶贫模式的案例赋值为0。

⑦贫困地区教育对口扶贫模式。在该模式下，职业院校的贫困地区教育对口扶贫模式大致分为三种：一是职业院校利用优质教育资源对定点帮扶地区实行特招，通过高职衔接使贫困地区的中职学生就读高职院校以及成建制地招收来自贫困地区的学生（兰州资源环境职业技术学院对来自帮扶地区天水市麦积区琥珀镇的所有贫困学生提供学费、住宿费和卧具费减免），此处因职业院校针对所有贫困生都采取设立奖学金、助学金，发放生活补助及就业帮扶政策，所以本文只将来自院校定点帮扶地区的贫困生纳入考虑范围；二是帮助贫困地区进行教育基础设施建设；三是职业院校通过派遣

经验丰富的优秀教师对帮扶地区的教师进行专业培训,提高乡村教师队伍教学水平。本研究将职业院校对实行贫困地区教育对口扶贫模式的案例赋值为1,未实行贫困地区教育对口扶贫模式的案例赋值为0。

⑧ 人才扶贫模式。在该模式下,职业院校对帮扶贫困地区人才扶贫的举措主要有以下两项:一是职业院校积极输出人才资源,派遣优秀毕业生(不属于驻村帮扶干部)到贫困地区进行定点帮扶(常驻1年以上);二是职业院校充分利用自身资源帮助贫困地区人口就业(如在学校为定点帮扶地区贫困人口特设劳动岗位)以及为贫困地区培养致富带头人(苏州工艺美术职业技术学院与定点帮扶村共建"中国非物质文化遗产传承人研修研习培训班",选择具有潜力的带头人进行重点培养和扶持,使年轻的手工艺人回村守艺)。本研究将职业院校对贫困地区实行人才扶贫模式的案例赋值为1,未实行人才扶贫模式的案例赋值为0。

⑨ 技能扶贫模式。在该模式下,职业院校技能扶贫的路径主要包括以下两条:一是职业院校与企业协同育人,为对口帮扶地区培训产业技术技能人才,保障帮扶地区的产业技术技能人才供给;二是职业院校选派教师和技术骨干面向贫困地区开展技能培训,提供劳动力转移培训、就业职业技能培训等(杭州职业技术学院开展送科技下乡活动,园艺技术专业教师向定点帮扶贫困村民现场演示种苗种植技术以及后续管护方法)。本研究将职业院校对贫困地区实行技能扶贫模式的案例赋值为1,未实行技能扶贫模式的案例赋值为0。

按照上述赋值原则,我们将这9个前因变量汇总成表格,如表7-2所示。

表 7-2 前因变量的设定

前因变量	变量类型	判断依据	数量	权重	赋值
产业扶贫模式	有	职业院校对结对贫困地区的产业进行了帮扶	16	64%	1
	无	职业院校未对贫困地区的产业进行帮扶	9	36%	0
健康扶贫模式	有	职业院校对帮扶地区进行健康宣传、提供医疗服务、输送药品和对贫困家庭进行帮扶	3	12%	1
	无	职业院校未对帮扶地区实行健康扶贫等措施	22	88%	0
消费扶贫模式	有	职业院校通过直接消费购买或者间接购买提高农企农户的收入	3	12%	1
	无	职业院校未对贫困地区进行消费帮扶	22	88%	0
文化扶贫模式	有	职业院校帮助贫困地区宣传当地文化、进行文化基础设施建设、构建文化载体和平台、组织开展文化下乡活动等	3	12%	1
	无	职业院校未对帮扶地区实行文化扶贫等措施	22	88%	0
驻村帮扶模式	有	职业院校通过选派优秀骨干教师和干部深入贫困村开展驻村帮扶工作	18	72%	1
	无	职业院校未对贫困地区进行驻村帮扶	7	28%	0
党建扶贫模式	有	职业院校与农村基层党支部建立起联点共建	11	44%	1
	无	职业院校未对帮扶地实行党建扶贫	14	56%	0

续 表

前因变量	变量类型	判断依据	数量	权重	赋值
贫困地区教育对口扶贫模式	有	职业院校针对贫困地区实行特招，对贫困地区进行教育基础设施建设、师资培训等	10	40%	1
	无	职业院校未对帮扶贫困地区进行教育对口扶贫帮扶	15	60%	0
人才扶贫模式	有	职业院校对贫困帮扶地区进行了人才输入、特设就业岗位以及培养致富带头人等	8	32%	1
	无	职业院校未对贫困帮扶地区采用人才输入和培养致富带头人等脱贫手段	17	68%	0
技能扶贫模式	有	职业院校实施校企协同育人以及组织骨干教师或专家对贫困村开展技能培训等	14	56%	1
	无	职业院校没有对贫困地区进行技能扶贫	11	44%	0

五、结果变量的设定

根据党的十九大提出的乡村振兴战略总要求20字方针"产业兴旺、生态宜居、乡风文明、治理有效、生活富裕"，本研究从产业、生活方式、社会效益、收入四方面来衡量帮扶地区乡村振兴的效果，具体体现为贫困地区的产业是否得到了发展、贫困地区人口生活方式是否改变、是否产生了社会效益以及贫困人口收入是否增加。根据"二分法"原则，如果一个案例通过表7-2提出的扶贫模式组合推动了当地产业的发展、改变了帮扶地贫困人口的生活方式、创造了社会效益以及增加了贫困人口的收入,则该案例的结果变量赋值为1,而如果只取得了三种或三种以下的效果,则结果变量赋值为0,如表7-3所示。

表7-3 结果变量的设定

结果变量	衡量标准	判断说明	赋值规则
职业院校不同扶贫模式的效果	帮扶地产业	推动当地产业发展	四个衡量标准均符合的案例结果变量赋值为1,只取得三个(包含三个)及以下效果的案例则赋值为0
		未推动当地产业发展	
	社会效益	助学、公益事业、农村基础设施建设、提高帮扶地区人口生存技能等	
		未产生	
	帮扶地生活方式	改变	
		未改变	
	贫困人口收入	增加	
		没有增加	

六、真值表构建

依据前因变量和结果变量的赋值原则进行数据汇总得到真值表,如表7-4所示。案例1的结果变量真值表代号是1,表示案例1所在地区在上述若干扶贫模式下,达成了带动当地产业、帮扶地生活方式改变产生社会效益以及贫困人口增收四种效果。

表 7-4 不同扶贫模式组合情况真值表

案例序号	产业扶贫模式	健康扶贫模式	消费扶贫模式	文化扶贫模式	驻村帮扶模式	党建扶贫模式	贫困地区教育对口扶贫模式	人才扶贫模式	技能扶贫模式	不同扶贫模式组合的效果
1	1	0	0	1	1	1	1	0	1	1
2	1	1	0	0	1	1	0	0	0	1
3	1	0	0	1	0	0	0	1	1	1
4	1	0	0	0	1	0	1	0	1	1
5	1	0	1	0	0	0	1	1	1	0
6	0	0	0	0	0	0	1	1	1	0
7	0	0	0	0	1	1	0	1	1	1
8	1	0	0	0	1	1	1	0	1	1
9	1	0	0	0	0	1	0	1	0	1
10	1	0	0	0	1	1	1	0	0	0
11	0	0	0	0	0	1	1	0	1	0
12	0	0	0	0	1	0	0	1	0	0
13	0	0	0	1	1	0	1	0	0	0
14	0	0	0	0	0	0	0	0	0	0

续 表

案例序号	产业扶贫模式	健康扶贫模式	消费扶贫模式	文化扶贫模式	驻村帮扶模式	党建扶贫模式	贫困地区教育对口扶贫模式	人才扶贫模式	技能扶贫模式	不同扶贫模式组合的效果
15	1	0	0	0	1	1	0	0	0	1
16	0	0	1	0	1	0	1	1	0	0
17	1	1	0	1	0	0	1	0	1	1
18	1	0	0	0	1	1	0	1	0	1
19	0	0	0	0	1	0	0	1	0	0
20	1	0	0	0	1	0	1	0	0	0
21	1	0	0	0	1	1	0	0	1	1
22	0	0	1	0	1	0	0	0	0	0
23	1	1	0	0	1	0	0	0	1	1
24	1	0	0	0	1	0	0	0	0	1
25	1	0	0	1	1	1	0	0	1	1

（资料来源：作者根据25个案例实际情况整理而得。）

七、单变量必要性分析

在 fsQCA 3.0 软件中运行"necessary conditions",以检验案例中是否存在影响结果变量的单变量。"一致性"与"覆盖率"的计算公式如下:

一致性计算公式:consistency$(X_i \leqslant Y_i)$=$\sum[\min(X_i Y_i)]\sum X_i$

覆盖率计算公式:coverage$(X_i \leqslant Y_i)$=$\sum[\min(X_i Y_i)]\sum Y_i$

在一致性原则下,如果计算出的一致性值大于 0.8 且小于 0.9,那么单变量 X 就是结果变量 Y 的充分条件;如果计算出的一致性值大于 0.9,那么单变量 X 是结果变量 Y 的必要条件。单变量的必要性分析结果如表 7-5 所示。

表 7-5 单变量的必要性分析结果

变量名称	一致性(consistency)	覆盖率(coverage)
产业扶贫模式(CYFP)	1.00	0.94
健康扶贫模式(JKFP)	0.20	1.00
消费扶贫模式(XFFP)	0.13	0.67
文化扶贫模式(WHFP)	0.27	0.80
党建扶贫模式(DJFP)	0.53	0.73
教育扶贫模式(JYFP)	0.33	0.50
人才扶贫模式(RCFP)	0.20	0.38
技能扶贫模式(JNFP)	0.60	0.67
驻村扶贫模式(ZCFP)	0.80	0.63

从表 7-5 可知,产业扶贫模式的一致性值大于 0.9,可以看出产业扶贫模式已成为职业教育助力乡村振兴的必要条件,这也意味着缺乏产业扶贫模式的助力,贫困地区很难真正增强自身"造血"功能。

其他变量的一致性值均未大于0.8（即为一般因素），这说明其余变量没有单独对职业院校帮扶贫困地区的帮扶效果产生影响。职业院校帮扶贫困地区的帮扶效果是由多重因素、多个变量相互影响形成的，而非某个单一因素，因此有必要通过条件变量组合来研究职业教育精准扶贫与乡村振兴有效衔接的路径。

八、条件组合分析

运用fsQCA 3.0软件进行分析，经过运算得出了复杂解、简单解和中间解，其中复杂解和中间解的普适性较差，因此本研究选取中间解的运算结果来做说明，如表7-6所示。

表7-6 不同扶贫路径的定性比较结果分析

路径组合	原始覆盖率（raw coverage）	净覆盖率（unique coverage）	一致性（consistency）
JNFP*CYFP*~XFFP*~RCFP*~DJFP	0.27	0.07	1
~PKDQJYDKFP*JNFP*CYFP*~WHFP*ZCBF*~RCFP*~DJFP	0.2	0.07	1
~PKDQJYDKFP*JNFP*CYFP*~JKFP*~XFFP*~WHFP*ZCBF*DJFP	0.27	0.13	1
~JNFP*CYFP*~JKFP*~XFFP*ZCBF*~RCFP*DJFP	0.2	0.07	1
结果覆盖率(solution coverage)	1		
结果一致性(solution consistency)	1		

Result=JNFP*CYFP*~XFFP*~RCFP*~DJFP+~PKDQJYDKFP*JNFP*CYFP*~WHFP*ZCBF*~RCFP*~DJFP+~PKDQJYDKFP*JNFP*CYFP*~JKFP*~XFFP*~WHFP*ZCBF*DJFP+~JNFP*CYFP*~JKFP*~

XFFP*ZCBF*~RCFP*DJFP

根据表 7-6 所示的研究结果可以看出，运算结果覆盖率为 1，结果一致性为 1，具有较高解释力度。通过软件分析得出了 4 条组态路径来解释职业院校帮扶贫困地区的帮扶效果。

① 路径 1：技能扶贫 * 产业扶贫。从表 7-6 可知，这一组合的原始覆盖率为 27%，即 27% 的案例可以得到解释；净覆盖率为 7%，说明有 7% 的案例仅能被该路径解释，而不能够被其他路径解释。在职业院校帮扶贫困地区的扶贫模式中，可以看出，产业扶贫是最直接、最有效的扶贫手段之一，也是增强贫困地区的造血功能、帮助贫困地区人口就地就业的长远之计。贫困地区产业的做大做强，离不开技术技能的支持。职业院校通过持续不断地输送技能人才、帮助当地进行全程技术指导、开展技术技能培训等方式，促进贫困地区产业发展。此条路径是职业教育精准扶贫与乡村振兴有效衔接的根本。

② 路径 2：技能扶贫 * 产业扶贫 * 驻村帮扶。从表 7-6 可知，这一组合的原始覆盖率为 20%，即 20% 的案例可以得到解释；净覆盖率为 7%，说明有 7% 的案例仅能被该路径解释。也可以看出，在路径 1 的基础上，通过选派优秀干部、教师进行驻村帮扶，深入贫困村开展工作，有针对性地解决贫困地区教育发展水平落后，贫困人口农业生产技能、外出务工技能较低等现状，制定相应的精准帮扶对策，对贫困家庭适龄劳动力给予技能培训。同时教师和驻村干部立足帮扶地、帮扶户的具体情况，重视产业扶贫手段，使帮扶对象掌握脱贫致富的门路和技术，实现从"输血"到"造血"的有机转变，进而科学规划，建立长效机制，才能推动精准扶贫更加有效和可持续，有效地助力乡村振兴。此条路径是职业教育精准扶贫与乡村振兴有效衔接的重点。

③ 路径 3：技能扶贫 * 产业扶贫 * 驻村帮扶模式 * 党建扶贫。

这一组合的原始覆盖率是27%，即27%的案例可以得到解释；净覆盖率为13%，说明有13%的案例仅能被该路径解释。路径3是路径1和路径2的结合，表示职业院校在对贫困地区进行帮扶时，职业院校党委组织始终把帮扶村脱贫作为重大政策目标和重大民生工程，围绕"抓好扶贫促党建、抓好党建促扶贫"的理念，坚持政治先行，积极引导党员干部职工发挥模范带头作用，组建学院驻村工作队，鼓励人才下基层、服务乡村，深入贫困村进行困难帮扶，以高质量党建助力乡村振兴；同时围绕党和国家乡村振兴战略，根据贫困地区的产业发展现状，帮助贫困地区打好特色产业牌。此外，职业院校组织骨干教师和专家针对贫困地区的特色产业开展技术技能培训、全程技术指导，以向当地输送技术人才的方式，使职业院校对贫困地区的帮扶由"输血"向"造血"转变。职业教育打好扶贫组合拳，推动实现精准扶贫与乡村振兴的有效衔接。

④ 路径4：产业扶贫*驻村扶贫*党建扶贫。这一组合的原始覆盖率是20%，即20%的案例可以得到解释；净覆盖率为7%，说明有7%的案例仅能被该路径解释。这一路径是指职业院校选优配强，精准选派干部教师，充分运用"两会一课""主题党日活动"等形式，和村"两委"班子共同加强政治理论的学习，强化驻村干部教师和村"两委"成员的使命感、担当感、责任感，通过党建引领聚合力，提升驻村帮扶工作队的战斗力。同时驻村帮扶工作队结合帮扶地区的实际情况，深入田间地头，帮助帮扶地区形成具有相对优势的产业，带动当地经济发展。此条路径是职业教育精准扶贫与乡村振兴有效衔接的保障。

九、研究结论与建议

本研究基于全国职业院校精准扶贫衔接乡村振兴的25个案例，采用清晰集定性比较分析方法进行分析，从组态视角研究发现职业教育精准扶贫与乡村振兴有效衔接的四条有效路径。无论是组态分析还是单变量分析，都验证了职业教育助力乡村振兴需要多种扶贫模式共同作用。在九种扶贫模式中，核心变量出现频率最高的为产业扶贫模式，该变量在四种路径组合中都具有参与性，是职业院校帮扶贫困地区的必要条件，职业院校的特色技能扶贫方式能够为产业扶贫提供要素支撑，从而发挥稳定器及扩大器的作用。

基于组态研究所得的四条职业教育精准扶贫与乡村振兴有效衔接路径，本研究提出以下两点建议。

（1）打好产业扶贫硬仗，加强技能培训，增强贫困对象致富能力

职业教育一头连着教育，一头连着产业。产业兴旺是精准扶贫与乡村振兴有效衔接的重点。职业教育坚持把产业发展作为精准扶贫、贫困人口增收的重要内容。因此职业院校在产业扶贫过程中，要立足当地靶向发力，注重分析帮扶地区的现状和产业发展潜力，做好贫困地区的产业发展规划，重点是畜牧业、园艺业、农业、药材生产、特定民族文化项目开发、传统民俗技艺、乡村旅游、养老保障、农业服务等。职业院校要选派干部教师有针对性地对贫困地区人口开展实用技术技能培训，积极培育以职业农民为主体、以农业为职业、具有相关专业技能、收入来源以农业生产经营为主的新型职业农民。职业院校要加强"校、企、村"共建，结合企业实际用人需求，按照企业用工标准，为"老、少、边、山、穷"地区的本土人才、返乡农民、失业人员，以及有就业能力、学习愿望强烈的贫困家庭提供技术技能培训，通过采用"校、企、村"模式，将贫困地区的劳动力输送到合作企业，帮助贫困地区改善人力资源结构，实现"输血式"帮扶向增强自我发展能力的"造血式"帮扶的转变。

（2）党建引领抓好驻村帮扶，力促精准扶贫

职业院校应建立"四级联动"帮扶机制，实行领导班子主责、

承办部门主推、单位全员主帮、驻村干部主干。职业院校党委要加强对职业院校扶贫工作的组织领导，把精准扶贫、精准脱贫作为学院党委建设工作的重要内容和目标任务。此外，职业院校党委要选拔政治觉悟高、综合素质好、扶贫能力强的优秀党员到贫困地区开展扶贫工作，使其承担农村基层党组织建设、推进精准脱贫、促进美丽乡村建设、为贫困地区人民办实事。同时，驻村的职业院校教师要在贫困地区开展"授渔行动"，开展实用的、有针对性的职业技能培训和指导，让贫困村的劳动力掌握实用的职业技能，阻断贫困的代际传递。

本研究采用组态分析方法探索职业教育精准扶贫与乡村振兴有效衔接的路径，综合了定性与定量比较分析方法，为精准扶贫与乡村振兴有效衔接领域的研究补充了职业教育领域的内容。未来研究可以沿用这种方法，在研究问题、研究对象上更趋微观化、细粒度，从而发现更深层次的问题，才能为精准扶贫与乡村振兴的有效衔接提供更加实践性的参考建议。

第八章　职业教育支持乡村振兴战略的多元实践

第一节　职业教育精准扶贫与乡村振兴的实践差异

职业教育在精准扶贫和乡村振兴中的实践差异体现在目标定位、培训内容、教育体制和支持政策等方面。

① 目标定位差异。在精准扶贫中，职业教育主要致力于提供贫困人口所需的职业技能培训，帮助他们脱贫致富。而在乡村振兴中，职业教育的定位更加广泛，不仅要满足农村劳动力市场的需求，还要培养适应农村经济发展的各类技能人才。

② 培训内容差异。在精准扶贫中，职业教育更加注重实用性和针对性，培训内容与当地产业结构和就业需求相匹配。而在乡村振兴中，职业教育的培训内容更加多元化，既包括传统农业领域的技能培训，也包括新兴领域的就业技能培训。

③ 教育体制差异。在精准扶贫中，职业教育往往以短期培训、就业培训等形式为主，灵活性较强，培训周期相对较短。而在乡村振兴中，除了短期培训外，还需建立完善的职业教育体系，包括职业院校、职业技术培训中心等，以满足长远发展需要。

④ 支持政策差异。在精准扶贫中，职业教育常常得到政府的专项资金支持，并与社会扶贫资源相结合，采取"输血式"帮扶措施。而在乡村振兴中，职业教育更强调"造血式"发展，在政策上更加注重创新创业培训、产业结构调整等方面的支持。

这些实践差异旨在确保职业教育能够精准满足不同地区、不同群体的需求，促进贫困人口脱贫致富，推动农村经济的发展和乡村的全面振兴。这些实践差异导致了实际工作的不同。由于精准扶贫和乡村振兴的目标不同，职业教育的受益人群也有所差异。在精准扶贫工作中，职业教育主要服务于贫困地区的低收入人口，帮助他们脱贫致富；而在乡村振兴工作中，职业教育不仅服务于贫困地区人口，也服务于农村产业链中的各个环节，包括农民、农业企业和非农产业从业者等。乡村振兴服务于更广泛的人群，需要考虑群体利益而非少数利益。乡村振兴工作中的职业教育会更加注重农村产业多元化发展的培训需求，会根据当地的资源禀赋和市场需求，开展相关农业技术和管理培训，帮助农民提高生产能力和农产品质量，而不再是传授一种谋生技能。在乡村振兴工作中，职业教育需要与农村产业链各个环节进行合作，形成产教融合的合作模式，合作范围较之前的就业创业服务机构、农业企业和政府部门更广。在乡村振兴工作中，职业教育需要提供持续性支持，包括技术培训和就业支持，以满足农村地区产业发展和农民的职业发展需要。

如果说职业教育在精准扶贫战略中发挥了培养农村劳动力技能、促进农村创业和就业的作用，那么在乡村振兴战略中职业教育更重要的作用在于推动农业升级、农产品加工和支持乡村产业发展和产业融合。职业教育为农民提供农业技术培训和农产品加工技能，帮助他们提高生产效率、农产品质量和附加值。通过推广现代农业技术和农产品深加工，农村经济可以向高附加值领域转型升级。职业教育与乡村产业的深度融合可以加速产业升级和产业链延伸，通过定制化的培训计划和实训基地建设，提供符合乡村产业发展需求的人才培养计划，可以为乡村经济的发展提供人才和技术支持。

第二节　职业教育支持乡村振兴的特色实践

职业院校在支持乡村振兴方面有以下路径。

① 专业设置。职业院校可以根据乡村振兴的需求设立与农业、农村发展相关的专业，例如农村经济管理、乡村规划与设计、农业技术与服务等，培养符合乡村振兴需求的专业人才。

② 课程建设。职业院校可以开设与乡村振兴相关的课程，包括农业科技创新、农村社会治理、乡村产业发展等，帮助学生掌握乡村振兴所需的理论知识和实践技能。

③ 实践教学。职业院校可以加强乡村振兴实践教学环节，面向学生提供到农村实习、参与乡村发展项目等机会，让学生亲身体验乡村振兴的实际情况，培养学生的实践能力和解决问题的能力。

④ 人才培养。职业院校可以与相关部门、乡村振兴示范地区等合作，制订人才培养计划，为乡村振兴提供专业人才支持，例如设置奖学金、实习就业基地、岗位配备等，促进毕业生就地就业和留在乡村发展。

⑤ 教师培训。职业院校可以为教师提供乡村振兴相关的培训和学习机会，提高教师的乡村振兴理论水平和实践能力，为学生提供更好的教学指导。

⑥ 科研创新。职业院校可以开展与乡村振兴相关的科研项目，促进乡村振兴理论和实践的创新，为乡村振兴提供理论支持和技术储备。

在这几条路径中，由于专业设置、课程建设、实践教学、教师培训属于常规教学活动的范畴，受众群体有限，职业院校支持乡村振兴最好的发力点是人才培养和科研创新两条路径。

职业院校在支持乡村振兴方面需要密切与相关部门、示范区、乡村组织等合作，了解乡村振兴的需求，并根据需要制定相应的路径和措施，以便提供优质的人才支持。

一、职业教育支持乡村振兴的人才培养实践

职业教育支持乡村振兴的人才培养主要围绕职业技能培训、创新创业培训、软技能培训、职业规划和就业指导这几个方面展开。

职业教育可以开展系统化的职业技能培训，针对乡村振兴所需的各类人才，开展农业生产技术、农产品加工技术、乡村旅游服务技能、社区服务技能等方面的培训。培训内容结合实际，注重理论与实践相结合，提高学员的实际操作能力和技术水平。

为了推动乡村振兴，培养一批有创新意识和创业能力的人才是至关重要的。职业教育可以开展创新创业培训，教授创新思维、创业管理、市场规划等知识，培养学员的创新创业能力，为他们带来创业机会，推动乡村经济的发展。职业教育不仅要注重专业技能的培养，还要关注学员的软技能提升，如沟通能力、团队合作能力、领导能力等。这些软技能对于乡村振兴过程中的管理、协作和推广都至关重要，职业院校可以通过课程设置和实践活动来培养学员的软技能。

职业教育不仅要帮助学员提高技能水平，还要提供职业规划和就业指导服务，主要包括就业市场的调研和分析、职业发展规划的辅导、就业技能的咨询和指导，为学员提供全方位的支持，帮助他们更好地融入乡村振兴的就业市场。同时，职业教育也应与区域乡村振兴战略和政策相结合，确保培养出来的人才符合乡村振兴的需求。全国乡村振兴人才培养优质校特色实践案例如表 8-1 所示。

表 8-1 全国乡村振兴人才培养优质校特色实践案例

学院	特色实践
安徽财贸职业学院	2019年12月，学院和孙岗镇签订校地共建框架协议，校地双方采取组织联建、活动联办、人才联育、资源联用等方式进行横向交流，在教育培训、实践锻炼、项目研究等领域开展深度合作，推动精准扶贫、乡村振兴与"院村扶智"深度结合，共同打造校地长效合作的新模式、新标杆、新成果，展现了高校的"振兴担当"。联合开展学历提升工程。开展农村干部学历提升工程是提升农村干部政策理论水平、增强农村干部带头致富带领群众共同致富能力的重要举措。如六安市孙岗村党组织书记队伍优化提升3年行动计划；孙岗镇联合开展村（街）干部学历提升工程，学院依托高职扩招政策与孙岗村镇探索实践设立"定向班"，招生对象为全镇村级后备力量学历提升对象，"两委"干部和村级后备力量人员、家庭农场主、新型经营主体等，以及具有普通高中（中专、中技、职高）或具有同等学力人员。举办"一抓双促"培训班。自2019年开始，为增强镇村干部履职能力，孙岗镇和安徽财贸职业学院联合每年在学院举办为期4天的"一抓双促"（抓党建促脱贫攻坚和促乡村振兴）封闭式培训班，让镇村干部集中充电。每期培训既有课堂教学，又有实地观摩，内容丰富，形式多样。培训"充电"，思想得到升华。2022年，学院在孙岗村镇共开设5期专题讲座，开设专题讲座。
安庆职业技术学院	安庆市乡村振兴学院的"四个一"助力乡村振兴，即"一品、一库、一课堂、一服务"。一品指"国家乡村振兴人才培养优质校"这个品牌。成立了安庆市乡村振兴学院，借助这个"金字招牌"，很快吸引了大量的关注。

· 122 ·

第八章 职业教育支持乡村振兴战略的多元实践

续 表

学院	特色实践
安庆职业技术学院	一库是指组建"涉农教学专家库"。农技人才培养需要范围广泛的高素质师资队伍。学院遴选了涉农专业副高职称以上教师8人、科研院所研究专家6人、政府部门政策专家5人、农技推广中心技术专家15人,初步组建起了能够满足农村各类培训教学需要的专家库。 一课堂是指搭建"掌上课堂"。为了突破农民学习的时间和空间限制,方便农民在需要的时候有针对性地查找学习,学院录制短视频课程,在乡村振兴学院网站和新媒体平台上推送,向全社会免费开放。学院现已录制完成70多节短视频,目前课程点击量已经超过100万。学院与安徽开放大学签署了乡村振兴课程资源共享战略合作协议,线上课堂已经上升为省级资源。 一服务是指构建"田间服务"。学院组织教师和专家下乡,为老百姓提供种植、养殖技术指导,为农产品提供线上首播带货服务,为村镇提供美丽乡村建设规划等。经过一年的努力,安庆市乡村振兴学院成功获批全国职业院校服务全民终身学习实验校
福建农业职业技术学院	福建农业职业技术学院以"四全"助力乡村振兴。一是全力找准"航向标",实施"请党放心、强农有我"助力乡村振兴计划;二是全心打造"输血库"建设,"全心全意办'3+2'",与高校合作举办"3+2",与高校合作模式,推进"全国乡村振兴人才培养优质校"建设;三是全新强化"主力军",创新"341新农培育模式",实施"百千万"农业类职业本科专业,培养新型职业农民,培养乡村振兴工程,培养新型职业农民8698名;四是全面构建"共同体",与省教育厅、省农业农村厅、福建农林大学签订合作协议,与龙头企业共建学院、共建特色产业学院,增强服务乡村振兴合力

· 123 ·

续 表

学院	特色实践
广西农业职业技术大学	2020年，广西农业农村厅批推成立广西乡村振兴学院并挂靠广西农业职业技术大学，科技成果通过乡村振兴学院平台，把人才、农村经济社会发展紧密地联系在一起，使其成为广西农业现代化建设的重要引擎。依托广西乡村振兴学院平台，职业院校面向"三农"提供全产业链技术支持、培训服务及技术支持，开展高素质农民培训、扶贫培训、乡镇农技人员培训，培训学员5000多人次。学院推进高素质农民学历提升工程，通过开设"优秀村支书大专学历班""高素质农民函授大专班""乡镇农技人员定向培养班"等，每年定向招收优秀村支书、高素质农民及乡镇农技人员等重点人群共计900余人，建立学历教育、技能培训、实践锻炼多种方式并举的人才培育机制，强化乡村振兴人才支撑。学院利用自身专业技术优势，基于产业链的思维组建科技特派员茶科技服务团队，团队成员在茶树育种、茶叶病虫害防控、茶叶安全检测、茶叶深加工技术等方面都有着多年丰富的实践经验。团队立足广西农垦产业发展技术需求，进行供需对接、精准选派、适时服务
广西职业技术学院	学院发挥"一会三集团两联盟"在整合社会资源办学方面的优势，统筹联合成员单位开展产业共性关键技术研发，技术服务、职工培训等实体化项目运作，依托全国乡村振兴人才培养优质校平台，创新乡村振兴人才培养模式，在乡村振兴拔尖创新、复合应用和实用技能人才培养方面深化改革，开设专业交叉融合、理论与实践紧密结合、政产学研通力配合的乡村振兴培训实验班3个，先后为广西马山、隆林、凌云、苍梧等贫困县的农民工、家庭农场主、现代农民群体，开展职业技能鉴定、以及六堡茶、砂糖橘、生猪养殖等产业扶贫公益性培训服务，累计培训量达2200人次，并将现代信息技术创新"互联网+"条件下的乡村振兴服务手段，应用于茶叶、甘蔗、亚热带水果等广西优势和特色农产品，与区域龙头企业合作，在乡村产业、教育、文化等领域孵化5个乡村振兴高端人才、建立校地、校企合作研发、合作转化、合作推广、合作育人的服务模式，合作育青年创客、"新农人"等乡村振兴人才扎根乡村创业，推动青年人才扎根乡村创业

第八章 职业教育支持乡村振兴战略的多元实践

续表

学院	特色实践
黔东南民族职业技术学院	根据黔东南苗族侗族自治州各县的技术需求和教师专业优势，派遣21名教师到凯里、合江、镇远、施秉、从江5个县，服务129个村。其中，19名教师获批为省级科技特派员，2人获批州级科技特派员。科技特派员走村入户，到田间地块进行技术服务，积极为民办实事，手把手给农民传授果树栽培、中药材种植、蜜蜂养殖、畜禽养殖、水稻种植、蔬菜种植等技术，受到当地政府的肯定和农民的好评，为巩固黔东南苗族侗族自治州脱贫攻坚成果助力乡村振兴做出积极努力和应有的贡献
南阳农业职业技术学院	以"提高农民科技文化素质，推进乡村人才振兴"为总体思路，以"固农、强农、兴农"为办学特色，培养"就业有优势、创业有本领、发展有后劲"的"学农、知农、爱农"的复合型农业技术技能人才。积极发挥学科和专业优势，以科技研发和技术改夫为引领，以培养农业新型人才为重点，以支持优势产业振兴为核心，以打造乡村振兴创新示范区为抓手，探索服务乡村振兴的新模式、新机制，为乡村振兴人才、科技和智力支持
商丘职业技术学院	2021年成立商丘乡村振兴学院，积极探索职业教育解决乡村振兴人才需求的新路径、新模式，在充分调研和论证的基础上，开办了"乡村基层干部头雁工程"培育班、"乡村基层干部头雁工程"培育班。院校服务乡村振兴战略的"商职模式""商丘样板"

·125·

续　表

学院	特色实践
恩施州职业技术学院	为响应湖北省实施"一村多名大学生"（以下简称一村多大）招生计划，作为一村多大的培养学校，学院先后招收一村多大学生1618人，高职扩招乡村振兴人才培养16人，共计培养1634名乡村振兴技能人才。结合恩施州"两山"实践创新示范区建设，搭建了11个技术创新服务平台，8个专业化产教融合实训基地，5个产业学院，1个职教集团，组建了横向研发团队和科技下乡服务团队21个。按照服务100个村，100个助农惠农项目的"双百"工程开展服务，通过线上线下相结合的方式对接农民专业合作社、民宿以及349名农技干部、致富带头人，提供淡水养殖技术、畜牧养殖技术、果树培育技术、短视频创作与直播运营、财务管理与咨询、机电一体化、人工智能与大数据、建筑工程等技术指导服务，为巩固拓展脱贫攻坚成果与乡村振兴有效衔接提供智力支撑
咸宁职业技术学院	持续实施"一村多名大学生"招生计划，牢记服务"三农"初心，坚持以培养扎根乡村的"三种人"（脱贫致富的带头人、电商创业的合伙人、基层组织建设的接班人）为己任，以现代农业技术专业群建设为引领，以"一村多名大学生"招生计划为抓手，助力乡村振兴人才培养，建成了"理念先进、特色鲜明、基层欢迎、上级认可"的乡村振兴人才培养优质院校
湖南生物机电职业技术学院	以服务农业现代化建设为己任，着力打造了种子生产与经营、畜牧兽医、食品加工技术、农业装备制造与应用技术、农村经营管理、农业信息技术6个农业特色专业群，对接湖南现代农业的特色专业体系。承担了2019—2022年湖南省基层农技特岗人员培养任务，共培养农技特岗人员923人，为本省基层农业技术岗位提供了储备人才，补齐了乡乡村振兴科技人才短板，并承担了"三农"人才继续教育培训任务

续 表

学院	特色实践
湖南环境生物职业技术学院	因地制宜探索适合当地发展的产业，学院以畜牧兽医、园林技术、园林工程技术等涉农专业为依托，以驻怀化市麻阳苗族自治县芧里村乡村振兴帮扶队为支点，加强芧里村产业发展，让百姓增收；学院驻村服务队开展早行动、早部署，深入芧里村调研，找准发展方向，并带领学院专家开展芧里村农业产业发展，高质量推动芧里村农业产业振兴，助推乡村全面振兴；期间共开展芧里村柑橘种植技术人才培训班等乡村振兴建设培训项目15个，培训人数达893人
娄底职业技术学院	涉农专业对接乡村振兴"新农人"需求，建立了校政、校企、校村"三融合"育人平台，创新了"三方培养+资源整合+投入分担+对口就业"政策保障机制，构建了"农耕文化园"乡村振兴示范馆、农林实训体验场、家庭农场一条街"与百企（场）千村万点（户）相贯通的"校园-田园-庭院"一体化育人环境。 与娄底市委组织部合作实施"定向招生、定向培养、定向上岗"的组织管理型人才定制化培养，落实"三免一补"（免学费、免教材费、免住宿费，给予生活补助）政策，培养"五有"（有方向、有情怀、有能力、有愿景、有保障）村干部，2022年第一届175名毕业生由组织部统筹安排担任村干部，其中1人担任村支部书记，132人担任副书记，42人进入村级班子。 与娄底市岩山家庭农场、天柱山禽业等企业(场)合作，开展"双主体 双身份 双导师"的专业服务型人才现代学徒制培养，2022年培养农民、农机、农旅、农产品电商专业等1200人；与中阳村、油溪桥村等乡村合作，实施"互为基地、互聘师资、互育人才"的生产经营型人才订单式培养，2022年培养种植、养殖等人才800余人

· 127 ·

续表

学院	特色实践
杨凌职业技术学院	开展"百名教授进百村""万名学子进万村"乡村振兴大调研,以及"培育爱农情怀 助力乡村振兴"劳动实践活动,组织师生常年送科技下乡,提升了农民科技致富能力
宝鸡职业技术学院	面向宝鸡六大乡村产业,聚焦技术培训、科技推广、人才培养三大重点工作,启动实施"千人"学历提升、"万户"技能培训、"百项"技术服务三大计划,着力打造宝鸡乡村人才培养高地、技术创新服务高地,赋能宝鸡乡村产业振兴。受宝鸡市乡村振兴局、国家发展改革委托编制《宝鸡市"十四五"巩固拓展脱贫攻坚同乡村振兴有效衔接规划》,与千阳县政府签订《助力千阳县"双百工程"帮扶协议》,与凤县政府签订校地合作框架协议;建立陇县和氏乳业高寒川奶山羊产业学院、太白县绿蕾高山蔬菜产业学院,千阳县矮砧苹果博士工作站,以及千阳县农产品富硒技术推广、凤县乡村振兴人才培养等基地,构建纵向"学院—基地—农户"、横向"政校企行"融汇的校地合作框架体系。"一基两体 一强两精 科教赋能助力千阳县优势产业发展"获全国职业院校巩固拓展脱贫攻坚成果同乡村振兴有效衔接案例征集与遴选
云南农业职业技术学院	汇聚资源优势,以创新为驱动,通过"互联网+创新创业"途径提高高原特色农产品的知名度和市占有率。为推动云南省"绿色食品"品牌打造工作,"云品出滇人粤"和支持云岭广大青年返乡创业就业创业的"青年之家"对新农人、新青年、新阶层人士的技能培训,把新农人创新创业精神,培育农创业学院建设成为一个真正可以服务乡村振兴的"青年之家",积极弘扬学院办学理念,养德、理想、开拓的校训精神,激发创新动能,以"稳"字当头、艰苦奋斗、积极推动乡村振兴,壮大农村集体经济,构建新型农业经营主体,持续培育技能型紧缺人才

· 128 ·

第八章 职业教育支持乡村振兴战略的多元实践

续表

学院	特色实践
贵州农业职业学院	与贵州省兴黔生态农业研究院签署战略协议，有机整合各自资源，建立专家库，积极推动涉农领域职业教育及继续教育培训工作，同时规范发展，更好的人才培训模式，联合研究重点课题，将培训延伸到田间地头和农业园区，共同推进乡村振兴人才合作协议，就共同推进乡村振兴人才培训及继续教育培训等工作达成共识
铜仁职业技术学院	通过队伍建设、技术支撑、人才培养等举措，实现促进贵州省食用菌产业链发展，服务铜仁10区县、50余个乡镇、70余个村。国家茶叶试验站服务4个县、12个乡镇，先后开展种植类培训52期，培训5000余人次，技术帮扶企业（村）15家，推广带动茶树种植20000余亩。选派教授团、博士团及国家级科技特派员、省级科技特派员一线开展技术服务，助力乡村振兴。2022年以来，累计派出科技特派员、各级专家与服务团队811人次；开展职业农民种植培训2416人次，完成第一轮技工、职业培训提升班，管理人员培训5148人次，为乡村振兴及地方经济、社会发展提供了技术支撑
遵义职业技术学院	深入农村基层，覆盖84个乡镇、八大特色优势产业，围绕贵州茶叶、食用菌、生态畜牧业、中药材、辣椒等12个重点特色产业以及遵义花椒、竹产业等八大特色优势产业，开展黔北麻羊专用饲料开发、疫病检测、环境保护、辣椒栽培、病虫害防治、水产生态环境保护、水产资源调查、评估和土著珍稀鱼类保护与开发关键技术研究与应用，以及"稻+鱼"工程咨询与指导农业科技服务工作。培育新型农业经营主体，健全农业社会化服务体系，实现农广和现代农业发展有机衔接，是当前农村经济改革与发展的重要环节。遵义职业技术学院依托多项省级教改课题，构建两大省级优秀教学团队——农作物生产技术专业教学团队、畜牧兽医专业教学团队，拥有两大省级优秀教学团队、畜牧兽医专业教学团队，培养了一大批"懂农业、爱农村、爱农民"的"三农"人才，走出了一条助推乡村振兴的特色路子

· 129 ·

续 表

学院	特色实践
保定职业技术学院	依托学院"大数据应用技术""农林牧医""农林精英班"等重点建设专业群，围绕互联网人才培养和乡村振兴服务，校企通过"产业学院""现代学徒制""订单班"方式开展合作，探索构建服务乡村振兴的工学结合人才培养模式。联合企业开展农业技术、电商直播、新型职业农民和创新创业等培训工作。依托"校企合村"合作平台，助农工作进及保定市8个县、20个村，涵盖产业带动、项目建设、企业孵化、品牌打造、人才培养、结对帮扶等多个领域。坚持"以赛促学，以赛促教，以赛促创"，获得"互联网+大赛保定校际赛承包单位""保定市就促会最佳就业贡献奖"的荣誉。共养300余名学生，同时也针对社会8类特定人群开展职业技能培训500余人
重庆三峡职业学院	成功创办乡村振兴学院、"田间学院"，实施学生素质提升工程，建成大学生"三下乡"社会实践活动品牌，开展耕读教育、"农林故事会"等活动，将农耕文明、工匠精神、三峡文化等融入校园文化教实力，注重农情杯香樟讲坛、着力培养"一懂两爱"乡村振兴人才。获得重庆共青团工作考核特等奖，荣获重庆市"五四"红旗团支部、"十佳"团学工作品牌等称号，光明网、中国青年网、重庆日报等媒体均对其进行了报道
临沂职业学院	设立乡村振兴学院，充分发挥学院全国职工教育培训示范点、就业精准扶贫定点培训学校、山东省非物质文化遗产传承人群培训工作基点，针对农民需求把工作重点放在农民技能培训，提升培训针对性。开展了山东省非遗传承人群面塑技艺培训班、剪纸技艺培训班、帮助下岗职工、农村、社区贫困户掌握一技之长。学员在村(社区)工作中表现更加突出，先后有6名学员被省委组织部评选担当作为"好书记"，9名学员创办创业项目206个，为村集体增收5851万元；学员累计争取上级资金5.95亿元，落地项目842个；带领村集体创办创业项目157个，个人创办创业项目206个，为村集体增收5851万元；带动周边群众增收4149万元。自2015年起，临沂职业学院开展了农村基层干部专科学历教育工作，着力培养了一大批"有理想、有情怀、有知识、有本领、有担当、有作为"的"六有"基层干部

二、职业教育支持乡村振兴的科技创新实践

科技是第一生产力,乡村振兴需要科技创新注入活力。2018年,教育部印发《高等学校乡村振兴科技创新行动计划(2018—2022年)》,要求以适应乡村振兴战略实施需求为目标,通过5年时间逐步完善高校科技创新体系布局,强化高校科技和人才支撑体系,提升高校服务乡村振兴的创新能力和质量,培养造就一支懂农业、爱农村、爱农民的人才队伍,使高校成为乡村振兴战略科技创新和成果供给的重要力量、高层次人才培养集聚的高地、体制机制改革的试验田、政策咨询研究的高端智库。

科技创新对于推动乡村振兴具有重要的意义。科技创新可以提高农业生产效率、优化农村产业结构、促进农民技能提升、实现农村经济的可持续发展。同时,科技创新也能够促进信息共享和交流,加强农村与城市的联系和合作,促进农村经济的融入和发展。

职业教育支持乡村振兴的科研创新不是高精尖创新,而是实用型创新。科技创新可以引入先进的农业生产技术和设备、提高农业生产效率、降低劳动力成本,并提高农产品的质量,增加农产品的数量。科技创新可以实现农村经济的快速发展,提高农民收入水平。科技创新可以探索并应用绿色、无污染的农业生产技术,提高农产品质量,减少农药和化肥的使用,保护生态环境,促进农业的可持续发展。科技创新可以推动农村产业结构调整和升级。通过引入新的农产品加工技术和农业生产模式,可以提高农产品的附加值,促进农村产业的多元化发展,增加农民就业机会。科技创新可以提供更多的培训机会和技术支持,帮助农民提高技能水平,适应现代农业的发展要求。培养农民科技素质,提高他们的农业生产技能,有助于提升乡村劳动力的竞争力。科技创新可以推动信息技术在农村的广泛应用,帮助搭建信息平台和渠道,加强农村与城市的信息交

流与合作。农民可以通过网络了解市场需求、价格变动和农业政策等信息，提高农业决策的科学性和准确性。

三、职业教育支持乡村振兴的组织创新实践

乡村振兴需要组织创新来适应乡村发展需求、引导创新创业、整合资源优势，以及提高教育质量和覆盖面。组织创新可以为乡村居民提供更加符合实际需要、高效的教育培训和支持服务，促进乡村振兴的实施。乡村振兴是针对农村地区的经济社会发展而提出的战略，需要针对农村的特点和需求进行创新。传统的发展模式和教育机制可能无法适应新形势下乡村振兴的需要，因此需要组织创新来提供更符合乡村发展需求的教育培训和支持服务。

乡村振兴需要激发乡村居民的创新创业潜力，推动乡村产业转型升级。传统的教育模式往往忽视了创新创业的培养，而乡村振兴需要培养一批具备创新意识和实践能力的人才。组织创新可以为乡村居民提供更加灵活、适应性强的创新创业培训模式。

乡村振兴需要整合各类资源来支持乡村发展，包括教学资源、科研资源、实践基地等。传统的教育机构可能资源有限，无法提供全方位的支持。组织创新可以通过建立合作网络、整合资源，最大限度地满足乡村振兴的需求，提供综合性的培训和支持服务。传统的教育机构在乡村地区面临一些困难，例如教师资源匮乏、教育质量相对较低等。组织创新可以利用现代教育技术、互联网等手段，提供高质量的教育服务，并扩大教育覆盖面，解决乡村地区教育不平衡的问题。

职业教育乡村振兴共同体是由政府发起的组织创新。省级政府部门认识到职业教育在乡村振兴中的重要作用，成立了职业教育乡村振兴共同体，具体如表 8-2 所示。

表 8-2 省级职业教育乡村振兴合作共同体

名称	时间(年)	发起者	目标及措施
广西壮族自治区乡村振兴产教融合示范合作社	2017	广西壮族自治区教育厅、广西壮族自治区农业农村厅、广西壮族自治区人力资源和社会保障厅	推动乡村振兴战略与教育产业融合发展，带动乡村经济发展，创造就业岗位。发展乡村寄宿制职业学校、设立乡村产业孵化基地、培养乡村教育产业人才、推进农村教育信息化等
山东省职教乡村振兴合作共同体	2017	山东省职教厅、山东省农村信用社	为促进山东省农村经济发展和农民就业增收，提高农村职业教育质量，推动乡村振兴战略实施，山东省职教厅与山东省农村信用社合作共建该共同体
湖北省职业教育乡村振兴合作共同体	2018	湖北省教育厅、湖北省农村信用社	为加强湖北省乡村振兴与职业教育的协同发展，提高农民就业技能和农产品加工能力，湖北省教育厅与湖北省农村信用社联合筹建该共同体
江西省农村产教融合共同体	2018	江西省农业农村厅、江西省教育厅、江西职业技术教育工作领导小组办公室	促进农村产业发展和职业教育融合发展，提升农民职业技能和创业能力。开展农村产业技能培训与技术服务、推进农产品加工与品牌建设、组织青年农民创业就业等
江苏省职业教育乡村振兴合作共同体	2019	江苏省教育厅、江苏省农村信用社	为推动江苏省乡村振兴战略，加强职业教育与农村经济社会发展的融合，江苏省教育厅与江苏省农村信用社联合筹建该共同体

表 8-2 中的职业教育乡村振兴合作共同体、乡村振兴产教融合共同体的成立主要是为了促进产业和教育之间的紧密结合，为农村经济发展提供人才支持和技术支持，进一步推动乡村振兴战略的实施。具体的推行措施包括开展培训、提供技术服务、创业就业支持等，以满足农村产业发展的需求。

此外，职业院校发起并成立了乡村振兴学院，表明职业院校充分认识到了乡村振兴战略的重要性。随着乡村振兴战略的提出和推进，职业院校设立了乡村振兴学院，可以为实施乡村振兴战略提供重要的人才支持和智力支持，以便更好地服务农业农村工作。乡村振兴学院的设立可以满足农村人才需求，培养具备乡村振兴相关知识和技能的人才。职业院校作为培养实用型、技能型人才的教育机构，具有培养适应乡村发展需要的人才的优势。乡村振兴需要创新思维和创业精神的支持，而职业院校的培训和教育可以促进学生创新创业能力的培养。乡村振兴学院可以提供有关乡村创新创业的课程和实践机会，激发学生的创业热情和创新意识，帮助他们在乡村振兴中发挥作用。乡村振兴学院通常会与当地的农业产业、农民合作社、农产品加工企业等建立密切的合作关系。通过与地方的紧密合作，乡村振兴学院可以充分利用当地的资源和优势，为学生提供更具实践性的教育和培训。因此职业院校成立乡村振兴学院可以为乡村振兴战略提供人才支持和智力支持，满足农村人才需求，培育乡村创新创业氛围，并发挥地方资源优势，推动乡村振兴进程。

如果说成立职业教育乡村振兴共同体是一种政府行为，那么职业院校成立乡村振兴学院则是一种法人行为。由于二者的发起主体不同，乡村振兴学院的活跃度和贡献率更高，但是需要注意的是，乡村振兴学院的活跃度和贡献率也和发起院校的投入程度有很大关系。乡村振兴学院作为一种组织创新，积聚更多主体、面向更多受众，发挥了职业教育支持乡村振兴的优势。

第九章　职业教育发展与乡村振兴发展关系研究

职业教育与乡村振兴协调发展不仅是构建职业教育高质量发展体系的必由之路，也是推进中国特色社会主义现代化建设、实现中华民族伟大复兴的重要举措。随着我国经济由高速发展转向高质量发展，职业教育也由规模化发展转向高质量发展。2021年10月，国务院办公厅印发的《关于推动现代职业教育高质量发展的意见》指出，职业教育要面向农村、深化产教融合，培养乡村振兴人才。职业教育作为面向产业深度产教融合的、最接地气的教育模式，不仅是我国乡村振兴的重要动力和关键引擎，而且在乡村振兴与农业农村现代化过程中起着重要的培养与优化农村人力资源的作用，还大大提高了农业农村生产要素的使用频率和利用效率。同时，乡村振兴与农业农村现代化建设不仅在职业教育方面有大量的人才需求，同时广大农业农村也为职业教育提供了广阔的实践实习基地，更为职业教育人才提供了潜力巨大的人才就业和发展空间。因此，职业教育高质量发展与乡村振兴发展二者在理论与实践层面均存在相互促进、相互制约的耦合关系。

第一节　职业教育支持乡村振兴的研究综述

从中华民族伟大复兴战略全局来看，民族要复兴，乡村必振兴。自从党的十九大提出乡村振兴及高质量发展概念以来，以朱德全、祁占勇和郝文武为代表的研究团队针对乡村振兴发展与职业教育高质量发展的相关问题进行了深入研究。根据对职业教育高质量发展和乡村振兴发展关系的不同,当前的研究主要可以分为两类。

第一类是从理论层面探究职业教育服务乡村振兴的理论探索、逻辑建构和实现路径,具体分为以下四个维度。

① 职业教育服务乡村振兴的逻辑建构与体制机制。朱德全、祁占勇等提出盘活职业教育服务乡村振兴的技术赋能,激活职业教育服务乡村振兴的内部机理,多元联动保障职业教育服务乡村振兴的持久效能,进而构建职业教育服务乡村振兴的协同融合机制。

② 人才在职业教育与乡村振兴中的关键作用。朱德全、祁占勇、程方平、蒋成飞、辜胜阻等专家认为:职业教育与社会经济联系最为紧密,其对我国经济发展尤其是农村经济发展的贡献率最为突出。乡村振兴战略是我国农村地区的全面振兴,人才振兴是乡村振兴战略的关键环节,决定着乡村振兴战略的成败,同时也是乡村振兴的重要支撑。

③ 职业教育服务乡村振兴应以生态振兴为核心。朱德全等以生态振兴为突破点,提出乡村振兴与职业教育应建构生态和谐"5G"共生模式,实现职业教育与乡村生态的深度互嵌。

④ 乡村振兴背景下职业教育的困境与发展路径。马德富、祁占勇、李丽、曾阳等学者认为:乡村振兴背景下,职业教育应通过精准定位、动态优化和协同共建来促进自身发展,进而推动乡村振兴。

第二类是从实践与实证层面来研究职业教育与乡村振兴的关系,并根据研究对象的不同分为两个维度。

① 职业教育与乡村振兴的实证关系。马建富、朱德全、杨磊、赵红霞、叶蓓蓓、冯淑慧、朱德全、潘军、郭文强与戴妍等学者分别从高等职业教育、中等职业教育、民族地区职业教育及农业职业教育和高等教育的角度研究了其与乡村振兴的关系。

② 职业教育与社会经济增长的关系。祁占勇、朱德全、杭永宝、杨芷晴、孙晗霖、潘海生、叶冲、刘新华等学者从职业教育对我国经济增长的影响力或对乡村振兴的贡献率以及对家庭收入的贡献度

第九章 职业教育发展与乡村振兴发展关系研究

来研究职业教育与乡村振兴的关系。

综上所述，自党的十九大以来，职业教育与乡村振兴的研究数量迅速增长，并取得一定的成果，形成了初步的理论体系与实践经验，对进一步开展相关研究具有重要的参考价值。但当前的研究仍存在以下不足。

① 在研究时间上，职业教育与乡村振兴关系的研究起步较晚，始于2017年年底，党的十九大提出乡村振兴战略，在2018—2021年达到研究高峰，从2022年起热度趋于平缓。

② 在研究对象上，学者们的关注点多集中于职业教育中的某个类型，例如中等职业教育、高等职业教育、农业职业教育的与乡村振兴的关系等；或者聚焦于某地区或民族地区的职业教育以及职业教育的某项职能，例如教育扶贫、人才培养与乡村振兴的关系等。而职业教育与乡村振兴之间系统综合的关系则缺乏全面深入的研究。

③ 在研究方法上，职业教育与乡村振兴关系的研究多集中于在理论层面上探讨逻辑建构与路径方法，较少运用实证方法研究两者的全方位、多层次、系统的复杂协调关系。基于此，本研究运用综合评价法、熵权法、耦合协调度模型、灰色关联分析构建职业教育高质量发展和乡村振兴发展的评价指标体系，并测度2015—2021年职业教育高质量发展与乡村振兴发展的综合发展水平和耦合协调关系，继而根据耦合协调度，提出相关对策与建议。

第二节 职业教育支持乡村振兴的整体水平研究

一、指标体系

全国乡村振兴人才培养优质校评比中职业院校占比约77%，这一统计结果揭示出职业教育对乡村振兴人才培养的重要支撑作用。

从表9-1中可以看出，高等教育和继续教育类型中绝大多数都是涉农院校，能够为乡村振兴人才培养提供优质支持，但是职业教育中综合性职业院校的比例却高于涉农院校。因此相比其他教育类型，无论是从数量还是从质量方面来看，职业教育都提供了更适合乡村振兴的人才培养模式，是我国乡村振兴人才培养的主力。虽然入选全国百所优质校的中职院校数量不多，考虑到中职院校和乡村的地理贴近性以及本地教育对本地人才培养的基础性支撑作用，中职院校对乡村振兴的人才支持作用不容小觑。2023年，中央一号文件提出了要大力发展面向乡村振兴的职业教育，既不是其他教育类型，也不是中职或高职具体职业教育层级。因此在发展职业教育支持乡村振兴的任务框架下，要由整个职业教育体系发挥作用。在指标体系设计中要考虑整个职业教育体系，而不能有所偏废。

表9-1 2021年全国百所乡村振兴人才培养优质校分布

教育类型	教育层次	院校总数量	涉农院校数量	综合性职业院校数量
高等教育	高校	16	15	1
职业教育	高职	59	23	36
	中职	16	6	10
继续教育	广播电视学校	7	7	—

以"创新、协调、绿色、开放、共享"新发展理念为基础，结合新时代中国职业教育高质量发展的关联逻辑，借鉴已有研究构建新时代中国职业教育高质量发展综合评价指标体系（表9-2）。该指标体系包括5个一级指标、11个二级指标、36个三级指标的职业教育质量发展水平测度指标体系（权重数值由组合赋权法计算所得）。

表 9-2 职业教育高质量发展综合评价指标体系

目标	子系统（一级指标）	准则层（二级指标）	观测指标（三级指标）	指标单位	指标方向	指标权重
职业教育高质量发展水平	A 创新发展（31.26%）	A1 创新投入（10.45%）	A11 高职科研服务经费	万元	正向指标	3.99%
			A12 中职当年新增生均教学仪器设备值	元/生	正向指标	0.93%
			A13 高职生均教学科研仪器设备值	元/生	正向指标	4.55%
			A14 高职非学历培训到款额	万元	正向指标	0.98%
		A2 创新产出（20.81%）	A21 高职自主创业比例	%	正向指标	20.81%
	B 协调发展（9.33%）	B1 结构协调（7.14%）	B11 高职教育与普通高等教育招生比	%	适度指标	1.27%
			B12 中等职业教育与普通高中招生比	%	适度指标	1.55%
			B13 高职学校与普通高等教育在校生比	%	适度指标	1.59%
			B14 中等职业教育与普通高中在校生比	%	适度指标	1.78%
			B15 高等职业学校生师比	%	负向指标	0.31%
			B16 中等职业学校生师比	%	负向指标	0.64%
		B2 规模协调（2.19%）	B21 高职规模占高等教育规模比例	%	正向指标	0.65%

续 表

目标	子系统（一级指标）	准则层（二级指标）	观测指标（三级指标）	指标单位	指标方向	指标权重
职业教育高质量发展水平	B 协调发展（9.33%）	B2 规模协调（2.19%）	B22 中职规模占高中阶段教育规模比例	%	正向指标	1.54%
	C 绿色发展（6.41%）	C1 学习环境（3.93%）	C11 高职生均校内实践教学工位数	位/生	正向指标	2.89%
			C12 中职学生均教学用计算机数	台/生	正向指标	0.68%
			C13 中职生均图书	万册/生	正向指标	0.36%
		C2 生活环境（2.48%）	C21 中职生均绿化用地面积	平方米/生	正向指标	0.48%
			C22 中职生均校舍建筑面积	平方米/生	正向指标	1.32%
			C23 中职生均运动场地面积	平方米/生	正向指标	0.68%
	D 开放发展（21.54%）	D1 国际交流（7.39%）	D11 在校生服务"走出去"企业国（境）外实习时间	人·天	正向指标	4.95%
			D12 专任教师赴国（境）外指导和开展培训时间	人·天	正向指标	2.44%
		D2 国际输出（14.15%）	D21 开发并被国（境）外采用的专业教学标准数	个	正向指标	7.07%
			D22 开发并被国（境）外采用的课程标准数	个	正向指标	7.08%
	E 共享发展（31.46%）	E1 机会公平（21.14%）	E11 中等职业教育招生增长率	%	正向指标	11.98%

续 表

目标	子系统（一级指标）	准则层（二级指标）	观测指标（三级指标）	指标单位	指标方向	指标权重
职业教育高质量发展水平	E 共享发展（31.46%）	E1 机会公平（21.14%）	E12 高等职业教育招生增长率	%	正向指标	9.16%
		E2 资源公平（9.18%）	E21 高等职业学校生均一般公共预算教育事业费支出	元	正向指标	1.04%
			E22 中等职业学校生均一般公共预算教育事业费支出	元	正向指标	0.53%
			E23 高等职业学校生均一般公共预算教育经费水平	%	正向指标	2.30%
			E24 中等职业学校生均一般公共预算教育经费水平	%	正向指标	1.64%
			E25 高职专任教师双师型教师占比	%	正向指标	0.65%
			E26 中职专任教师研究生学历教师占比	%	正向指标	0.83%
			E27 中职专任教师高级职称教师占比	%	正向指标	1.67%
			E28 高职专任教师高级职称教师占比	%	正向指标	0.52%
		E3 结果公平（1.14%）	E31 高职毕业生母校满意度	%	正向指标	0.64%
			E32 高职毕业生就业率	%	正向指标	0.12%
			E33 高职雇主满意度	%	正向指标	0.38%

本研究同样以乡村振兴战略的总体要求"产业兴旺、生态宜居、乡风文明、治理有效、生活富裕"构建省级乡村振兴综合评价指标

体系，具体指标的选取参考了已有研究，以及乡村振兴的目标，具体是促进农村地区的经济发展、社会进步和生态文明建设，提高农民收入水平和生活质量，实现城乡之间的协调发展。该指标体系包含5个一级指标、18个二级指标，如表9-3所示。

表9-3 乡村振兴综合评价指标体系

目标	一级指标	二级指标	权重
乡村振兴	产业兴旺（0.2361%）	第一产业增加值（亿元）	0.0542%
		地区生产总值（亿元）	0.0611%
		全社会固定资产投资（亿元）	0.0541%
		农业机械总动力（万千瓦）	0.0667%
	生态宜居（0.1563%）	森林覆盖率（%）	0.0392%
		生活垃圾无害化处理率（%）	0.0060%
		供水综合生产能力（万立方米/日）	0.0625%
		卫生机构床位数（万张）	0.0431%
	乡风文明（0.1160%）	电视节目综合人口覆盖率（%）	0.0055%
		粗离婚率（%）	0.0197%
		地方财政教育支出（亿元）	0.0429%
		15岁及以上文盲人口数（人）	0.0022%
		乡镇综合文化站机构数（个）	0.0512%
	治理有效（0.3684%）	村民委员会单位数（个）	0.0717%
		地方财政一般公共服务支出（亿元）	0.0421%
		公共管理、社会保障和社会组织法人单位数（个）	0.2546%
	生活富裕（0.1232%）	农民人均可支配收入（元）	0.0730%
		农村居民人均文教娱乐现金消费支出（元）	0.0502%

二、数据来源

本研究主要以2015—2021年我国31个省（区、市）（不包括港澳台地区）为样本，测度我国职业教育质量发展水平和影响因素。本研究的数据来自国家统计局、教育部及农业农村部，以及历年《中国统计年鉴》《中国教育统计年鉴》《中国教育经费统计年鉴》《高等学校科技统计资料汇编》《中国农村统计年鉴》，还来自各省（区、市）国民经济和社会发展情况的统计资料，其中高等职业教育部分的数据手工采集自历年各省（区、市）《高等职业教育质量年度报告》。由于个别省（区、市）的数据存在缺失，为保证数据的完整性，减少数据误差，采用线性插值法进行补齐。

三、数据处理

由于各指标选取的量纲不同，因此需要对数据进行归一化处理，采用极差变换法将原始数据转化至[0,1]。分别对正向及负向指标做如下处理，计算公式如下：

正向指标：$Y_{ij} = \dfrac{X_{ij} - \min(x_{ij})}{\max(x_{ij}) - \min(x_{ij})}$

负向指标：$Y_{ij} = \dfrac{\max(x_{ij}) - x_{ij}}{\max(x_{ij}) - \min(x_{ij})}$

Y_{ij}为对应的各指标数据归一化后的数值，即标准值。X_{ij}表示第i个样本第j项的指标值，即原始值。$\max(x_{ij})$和$\min(x_{ij})$分别是第j项指标的最大值和最小值，$i = 1,2,3…n$；$j = 1,2,3…m$。在职业教育指标体系中，n代表省（区、市）数量，最大值为31；m代表指标数量，最大值为36。在乡村振兴指标体系中，n仍代表省（区、市）数量，最大值为31；m代表指标数量，最大值为18。

四、指标赋权方法

指标数据标准化后，确定各个指标在评价中的重要性即指标权重是下一个需要解决的问题。评价指标的赋权方法分为主观和客观两类。主观赋权法是由专家根据主观经验判断各指标的重要程度从而确定指标权重的方法，常见的有德尔菲法、层次分析法（AHP）等，评级具有较强的主观随意性；客观赋权的基本思想是根据指标之间的关联程度，或者各指标含有的信息量大小来确定指标权重，该方法客观性强，能有效避免主观因素带来的偏差，但没有考虑人们的主观意愿，可能和实际情况不一致。因此本研究采取了主观与客观结合的组合赋权法，即层级分析法与熵权法组合赋权。

（1）基于层次分析法进行主观赋权

根据职业教育质量发展指标体系，建立层次结构模型，由专家团队根据各指标的重要程度采用 1～5 标度法打分，并构造各层次各因素间的判断矩阵 $A=(\alpha_{ab})_{n \times n}$。其中 α_{ab} 为指标 a 相对于指标 b 的重要程度，且 $\alpha_{ab}=1/\alpha_{ba}$，并进行层次单排序和一致性检验，计算判断矩阵的一致性比率（CR），通过一致性比率确定其是否通过一致性检验。其中，$CR=CI/RI$，$CI=(\lambda_{max}-n)/(n-1)$，$\lambda_{max}=\sum[A\omega_i]/n\omega_i$，$\lambda_{max}$ 为判断矩阵的最大特征值，ω_i 和 n 分别为判断矩阵的特征向量和阶数。RI 为异质性指标，如果其值小于 0.1，则判断矩阵通过了一致性检验，即可按总排序权重决策。

（2）基于熵权法进行客观赋权

第一步，计算第 i 个样本第 j 项指标的比重：

$$P_{ij} = \frac{x_{ij}}{\sum_{i=1}^{n} x_{ij}}$$

第二步，计算信息熵：$e_j = \frac{\sum_{i=1}^{n} \ln p_{ij}}{l_{nn}}$。如果 $P_{ij}=0$，则定义

$$\lim_{py \to 0} p_{ij} \ln p_{ij}$$

第三步，计算权重：$W_j = \dfrac{1-e_j}{\sum_{i=1}^{m}(1-e_j)}$

（3）组合权重计算

将基于层次分析法得到的主观权重和基于熵权法得到的客观权重通过和积法计算出组合权重。

五、研究模型

耦合一词源自物理学领域，近年来，社会科学领域越来越多地用到了耦合概念，并用耦合度度量两个或两个以上系统之间的相互作用影响，分析系统之间通过复杂交往形式而产生的互相影响和彼此联系的客观现象，同时用协调度衡量耦合相互作用关系中良性耦合程度的大小。本研究运用耦合协调度模型来揭示创新发展、协调发展、绿色发展、开放发展、共享发展五维度子系统之间的协同关系。相关指标的计算公式如下。

耦合度：$C = \sqrt[5]{\dfrac{f(x_1) \cdot g(x_2) \cdot h(x_3) \cdot y(x_4) \cdot z(x_5)}{\left(\dfrac{f(x_1)+g(x_2)+h(x_3)+y(x_4)+z(x_5)}{5}\right)^5}}$

协调度：$T = \alpha f(x_1) + \beta g(x_2) + \gamma h(x_3) + \varepsilon y(x_4) + \theta z(x_5)$

耦合协调度：$D = \sqrt{C \times T}$

其中，$f(x_1)$、$g(x_2)$、$h(x_3)$、$y(x_4)$、$z(x_5)$ 代表子系统发展水平，C 为耦合度，T 为协调度，α、β、γ、δ、ε、θ 为待定系数。本研究认为五维度发展子系统在耦合协调的相互作用过程中是同等重要的，因此将待定系数的值均取为 0.2。D 为耦合协调度，其取值介于 0 至 1 之间。职业教育质量与乡村振兴发展耦合协调层次划分如表 9-4 所示。

表9-4 职业教育质量与乡村振兴发展耦合协调层次划分

类型	数值	经济含义
高级协调	0.60~1.00	职业教育与乡村振兴发展程度较高,形成相互促进的可持续高质量发展
中级协调	0.45~0.60	初步形成职业教育和乡村振兴良性互动局面
低级协调	0.30~0.45	二者耦合协调尚处于磨合期
轻度失调	0.00~0.30	乡村振兴缺乏职业教育的有效支撑,二者尚不能协调发展

六、分析方法

灰色关联分析是一种重要的关联度分析方法,被广泛应用于自然科学及社会科学研究中。灰色关联分析适用于部分信息未知的"小样本"不确定性系统,描述因素间相对大小及相对变化的情况,通过比较序列所构成的二维图形,判断序列之间的紧密程度,可以进行因素间时间序列的比较。灰色关联度数值越大,表明二者在系统发展的过程中相对变化越一致。本研究运用灰色关联分析探索我国职业教育高质量发展水平构成因素与乡村振兴高质量发展的微观适应机制,计算公式如下。

灰色关联系数:

$$\delta_{[x_0(k),x_j(k)]} = \frac{\lim_i \lim_k |x_0(k)+x_i(k)| + \mu \max_i \max_k |x_0(k)+x_j(k)|}{|x_0(k)+x_i(k)| + \mu \max_i \max_k |x_0(k)+x_j(k)|}$$

其中 μ 为分辨系数,此处取值0.5。

灰色关联度: $R = \frac{1}{n}\Sigma_{k=1}^{n}W_k \times \delta_{[x_0(k),x_i(k)]}$

其中 R 为灰色关联度,以 R 的平均值 M 和标准差 SD 为分类标准,将灰色关联度水平划分为四个等级:低关联 $[0, M-SD]$,中低关联 $[M-SD, M]$,中高关联 $[M, M+SD]$,高关联 $[M+SD, 1]$。

第三节　职业教育质量与乡村振兴耦合协调关系分析

一、乡村振兴与职业教育质量发展综合指数特征

2015—2021年我国职业教育质量发展水平总体增长33%，平均年增长率为4.43%，虽然整体偏低，但呈现增长态势，多数省（区、市）处于中等水平（0.3~0.6），初期部分省（区、市）处于较低水平（0.1~0.3），后期有部分省（区、市）达到较高水平（0.6以上）。受到新型冠状病毒的影响，2020年、2021年职业教育质量发展水平较2019年的阶段高点水平略有回落，但均未低于2018年水平。职业教育质量发展子系统的时序演变趋势（图9-1）更说明了这一点，创新发展、协调发展、绿色发展、开放发展、共享发展五个子系统中，开放发展子系统受疫情影响最大，因而2020年跌幅最大，同时由于我国执行保障生产生活的疫情防控政策，2021年开放发展子系统的发展水平有所回升；绿色子系统受疫情影响最小，因而维持在平稳水平；创新发展、协调发展、共享发展子系统略有回落，幅度不大。

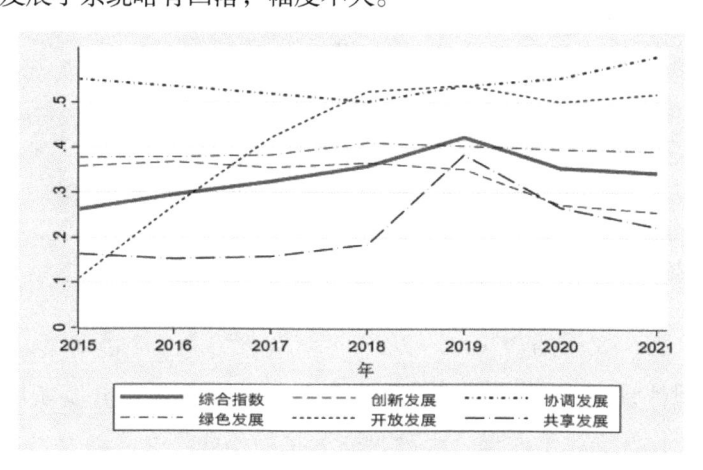

图9-1　2015—2021年我国职业教育质量发展水平时间趋势图

图9-2所示为2015—2021年我国乡村振兴发展水平时间趋势

图。由图 9-2 可知，2015—2021 年我国乡村振兴发展平稳，且略有上升的态势；我国乡村振兴发展水平不高，但增收较快，从 2015 年的 0.1860 上升到 2021 年的 0.3391，平均年增长幅度为 11.76%；五个子指数中产业兴旺、生态宜居增长态势平稳，而共同富裕、治理有效、乡风文明在国家政策的影响下获得了较大的提升，从而拉动了乡村振兴综合指数水平的提升。根据五个子指数结构关系，产业兴旺是乡村振兴的动力源，在政策影响逐渐趋平的情况下，需要研究如何保持产业兴旺的持续发展。这也从侧面反映了本文研究职业教育与乡村振兴的意义所在。

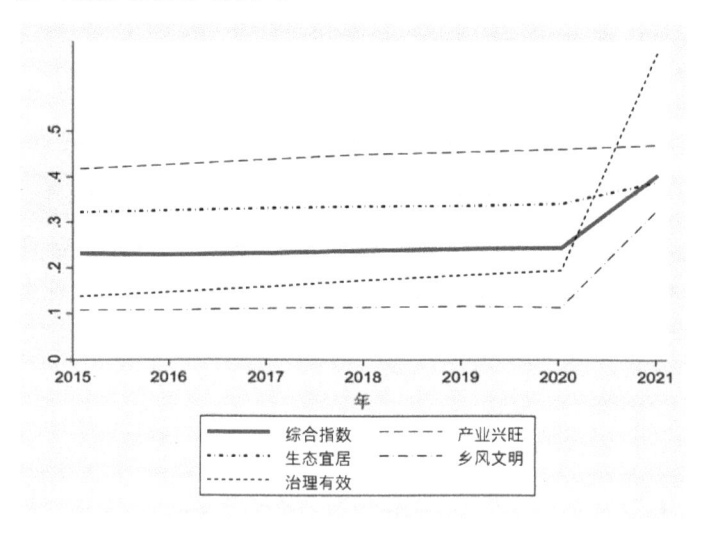

图 9-2 2015—2021 年我国乡村振兴发展水平时间趋势图

二、两系统耦合协调关系的水平时间特征

由图 9-3 可知，2015—2021 年职业教育与乡村振兴耦合协调度呈现持续向上的态势，由于疫情影响，2020 年耦合协调度有所回落。在八大经济区中，东部沿海、长江中游、北部沿海经济区的耦合协调度位于前三，只有东北、大西北经济区的耦合协调度落后于全国平均水平，尤其是大西北经济区的耦合协调度远远低于其他

各经济区，拉低了全国平均水平；黄河中游经济区 2015 年、2016 年的耦合协调度还低于全国平均水平，2017 年之后发展较快，跃居全国平均水平之上。以东部沿海的广东省为例，2021 年较 2015 年耦合协调度增长了 55%，平均年增长率为 7.92%；以大西北综合经济区的甘肃省为例，2015—2021 年的总增长率为 32%，平均年增长率为 4.53%。这一增速充分说明了 2015—2021 年职业教育的改革和发展与乡村振兴是相适应的。按照表 9-5 所示的耦合协调度标准划分，大西北经济区在 2021 年度摆脱了失调状况进入低级协调层级；但只有东部沿海、长江中游经济区在 2021 年进入了高度协调层级；在 2015—2021 年，我国八大经济区更多介于低级协调和中级协调层级。此外，2021 年职业教育质量水平、乡村振兴水平均不处于历年高点，然而二者的耦合协调度却处于历年高点，这为两系统逐渐适应和协调提供了有力佐证。

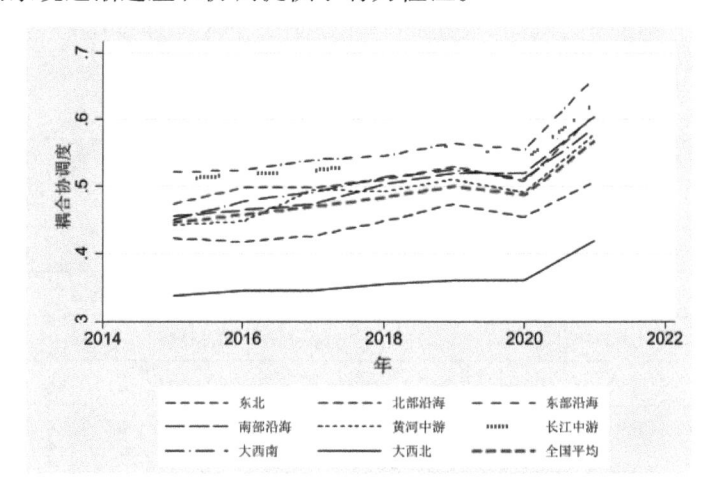

图 9-3　2015—2021 全国八大经济区两系统耦合协调度发展水平

耦合度排名前四的省（区、市）为四川、山东、河南、广东，湖北与辽宁并列第五，排名最后的五省（区、市）为青海、宁夏、天津、海南、西藏；协调度排名前五的省（区、市）为浙江、江苏、山东、河南、广东，排名最后的五省（区、市）为西藏、青海、宁夏、甘肃、辽宁；耦合协调度排名前五的省（区、市）为山东、江苏、浙江、河南、广东，排名最后的五省（区、市）为青海、宁夏、西藏、天津、海南，如表9-5所示。耦合度均值为0.8861，协调度均值为0.2741，耦合协调度均值为0.4871。这些数据说明二者之间相互作用的动态关联关系很强，既相互依赖又相互制约。因为协调度衡量的是这种相互作用关系中的良性耦合程度，而其值不高，所以两系统之间的良性互动不足。这正是中央一号文件提出的发展面向乡村振兴的职业教育的意义所在。

表9-5 两系统的耦合度、协调度及耦合协调度

省（区、市）	耦合度	协调度	耦合协调度	省（区、市）	耦合度	协调度	耦合协调度
山东	0.9826	0.4054	0.6285	贵州	0.9168	0.2496	0.4772
江苏	0.9558	0.4104	0.6245	黑龙江	0.9270	0.2449	0.4761
浙江	0.9039	0.4197	0.6148	山西	0.8866	0.2366	0.4573
河南	0.9726	0.3762	0.6016	重庆	0.8463	0.2501	0.4549
广东	0.9717	0.3755	0.5990	内蒙古	0.8918	0.2196	0.4388
湖南	0.9695	0.3604	0.5898	辽宁	0.9697	0.2001	0.4382
四川	0.9955	0.3435	0.5839	上海	0.8480	0.2257	0.4371
河北	0.9630	0.3542	0.5820	吉林	0.8737	0.2214	0.4346
湖北	0.9697	0.3134	0.5499	新疆	0.8647	0.2133	0.4271
江西	0.9250	0.2945	0.5203	甘肃	0.8866	0.1964	0.4129
安徽	0.9636	0.2803	0.5185	海南	0.7071	0.2394	0.4086
云南	0.9084	0.2940	0.5123	天津	0.6563	0.2176	0.3769
广西	0.9492	0.2804	0.5101	西藏	0.8148	0.1407	0.3333
福建	0.9230	0.2884	0.5096	宁夏	0.6331	0.1627	0.3136
北京	0.8441	0.2771	0.4830	青海	0.6221	0.1554	0.3097
陕西	0.9267	0.2484	0.4772				

三、两系统耦合的空间特征

从空间特征来看，从 2015 年无高级协调省份，到 2021 年有 12 个高级协调省份，耦合协调度逐渐提高，整体颜色加深，虽然仍呈现东高西低的地理分布态势，但是 2019 年、2021 年黄河中游经济区、南部沿海经济区、大西南经济区实现了跨越层级的突破发展。

总增速排名前三的有南部沿海经济区、黄河中游经济区、大西南经济区，而东北经济区增速最慢。耦合协调度排名前三的经济区增速居中。由表 9-6 可知：其一，全国整体呈现耦合协调度稳步增长态势，表明国家及各省职业教育改革政策有正向效果；其二，南部沿海、黄河中游，尤其是大西南经济区虽然前期耦合协调度不高，但研究期间呈现了良好发展的追赶态势；其三，东部沿海、长江中游、北部沿海在较高耦合协调度的水平上保持了全国平均水平以上的增速，尤其东部沿海经济区始终在职业教育对乡村振兴的支持上保持了全国领先水平，形成了值得借鉴的经验；其四，东北、大西北经济区不仅发展水平落后，而且增速也居于后位，需要主动研究发现问题、锐意改革。

表 9-6 八大经济区耦合协调度

区　域	2015 年	2016 年	2017 年	2018 年	2019 年	2020 年	2021 年	总计
东北经济区	0.4225	0.4170	0.4257	0.4472	0.4735	0.4543	0.5072	0.4496
北部沿海经济区	0.4735	0.4974	0.4976	0.5103	0.5290	0.5085	0.6071	0.5176
东部沿海经济区	0.5212	0.5236	0.5393	0.5447	0.5643	0.5546	0.6638	0.5588
南部沿海经济区	0.4554	0.4644	0.4727	0.5034	0.5196	0.5193	0.6054	0.5057
黄河中游经济区	0.4423	0.4474	0.4949	0.4920	0.5104	0.4913	0.5778	0.4937
长江中游经济区	0.5100	0.5175	0.5233	0.5354	0.5624	0.5393	0.6244	0.5446
大西南经济区	0.4500	0.4771	0.4910	0.5129	0.5244	0.5122	0.5862	0.5077
大西北经济区	0.3349	0.3444	0.3445	0.3535	0.3592	0.3598	0.4190	0.3593
全国平均水平	0.4460	0.4572	0.4695	0.4829	0.4999	0.4871	0.5675	0.4871

省（区、市）表现和区域整体水平并不一致，具体而言，有约35%的省（区、市）耦合协调度与区域整体水平不一致，其中约38%的省（区、市）表现高于区域整体层级，约62%的省（区、市）表现低于区域整体层级。江苏省2017—2020年、浙江省2019—2020年、山东省2017—2020年均为高级协调层级，在北部沿海经济区最为亮眼的是河南省在观察期内有6年均高于区域整体水平一个层级。此外，通过省级与区域水平的对比，可以发现黑龙江省、四川省、广东省分别在东北经济区、大西南经济区、南部沿海经济区属于领先省（区、市）。天津、上海、海南、重庆、宁夏、山西、内蒙古、青海则处于区域落后水平，均有3~6个年度低于区域水平一个层级。

虽然2015—2021年有30个省（区、市）职业教育和乡村振兴耦合协调度大于0.6，达到了高级协调层级，但是从区域角度来看并没有一个区域的耦合协调度达到高级协调层级，其中固然有省（区、市）表现差异的原因，但是内部机制、具体指标还需要进一步分析。

四、两系统耦合协调度的影响因素分析

通过时序演变和空间经济区分析，可知职业教育和乡村振兴两系统耦合协调度呈波动式上升趋势。然而各维度如何影响两系统耦合协调度？各维度的重要程度有无明显变动？本研究采用灰色关联度模型对各维度指标及子系统的重要性进行排序。

从一级指标角度来分析十个子系统对耦合协调度的灰色关联度，如表9-7所示。

表9-7 2015—2021年两系统各维度灰色关联度

子系统	2015年 灰色关联系数	2015年 排名	2016年 灰色关联系数	2016年 排名	2017年 灰色关联系数	2017年 排名	2018年 灰色关联系数	2018年 排名	2019年 灰色关联系数	2019年 排名	2020年 灰色关联系数	2020年 排名	2021年 灰色关联系数	2021年 排名
产业兴旺	0.6370	5	0.6416	4	0.6378	4	0.6140	6	0.6242	5	0.6202	4	0.6012	4
生态宜居	0.6093	7	0.5992	8	0.6016	8	0.5932	9	0.6048	7	0.6129	6	0.5930	5
乡风文明	0.6553	3	0.6322	5	0.6271	6	0.6067	8	0.5986	9	0.6059	8	0.5767	7
治理有效	0.6773	1	0.6669	1	0.6700	1	0.6583	1	0.6379	2	0.6540	3	0.5512	9
生活富裕	0.6628	2	0.6551	2	0.6413	3	0.6196	5	0.6109	6	0.6165	5	0.6663	3
创新发展	0.6018	8	0.6169	6	0.6350	5	0.6450	3	0.6333	3	0.5835	9	0.5483	10
协调发展	0.6480	4	0.6491	3	0.6427	2	0.6565	2	0.6639	1	0.6623	1	0.6865	2
绿色发展	0.6167	6	0.5993	7	0.6155	7	0.6095	7	0.6010	8	0.6108	7	0.5826	6
开放发展	0.4925	10	0.5465	9	0.5693	9	0.6355	4	0.6313	4	0.6611	2	0.6955	1
共享发展	0.5352	9	0.5300	10	0.5430	10	0.5538	10	0.5940	10	0.5631	10	0.5754	8

由表9-7中的数据可以看出，在前期的两系统协调中，乡村振兴的子系统发挥了更大的作用，2015年、2016年治理有效、生活富裕子系统的灰色关联系数都排在第1、2位，这说明治理较好的生活富裕地区两系统的发展是协调的；但是在2020年、2021年协调发展、开放发展的灰色关联系数分别居于第1或第2位，这说明职业教育的发展开始影响两系统的协调发展，并在其中发挥了重要的作用。开放发展子系统影响力提升的原因在于"一带一路"政策的推行，以及国内国外双循环发展格局的提出。在整个研究期间，协调发展、治理有效、生活富裕子系统始终发挥着较大的作用，可以从实践工作中总结经验；同时，共享发展、生态宜居、绿色发展子系统的作用尚未发挥出来。

从二级指标来看，灰色关联系数值总体处于[0.4479,0.8683]，其中排名前五的指标为高职非学历培训到款额、中职专任教师研究生学历教师占比、高等职业学校生师比、中等职业教育与普通高中招生比、中职生均运动场地面积，排名最后五位的指标为农村居民人均文教娱乐现金消费支出，高等职业教育招生增长率，中等职业教育招生增长率，公共管理、社会保障和社会组织法人单位数，15岁及以上文盲人口数。由此可见，在职业教育和乡村振兴耦合协调发展中更多反映质量发展的指标发挥了较为重要的作用，而以往很重要的数量增长率的作用日渐趋弱。

第四节　职业教育与乡村振兴协调发展的政策建议

本研究借鉴已有研究成果构建了职业教育质量发展、乡村振兴的综合评价指标体系，在高质量发展的理论框架下，运用层次分析法、熵权法、耦合协调度模型、灰色关联分析，测算出2015—2021年我国两系统综合指数、两系统耦合协调度及各指标各维度的重要性。研究结果一方面丰富了职业教育与乡村振兴相互关联的研究内容；另一方面从发展水平、空间分布、结构均衡性、内部影响机制多个角度分析了两系统耦合协调问题，为制定针对性规划和政策提供了依据。具体研究结论如下。

第一，2015—2021年我国职业教育质量发展水平总体增长33%，平均年增长率为4.43%，乡村振兴水平总体增长82.32%，平均年增长率达11.76%。二者的子系统发展不均衡，职业教育质量发展不均衡体现在创新发展、协调发展、绿色发展、开放发展、共享发展五个子系统发展不均衡及省际发展不均衡，开放发展子系统受疫情影响最大，浙江省职业教育发展水平约为西藏自治区的2.65倍，各省（区、市）职业教育质量差异很大。乡村振兴发展也呈现出省际不均衡，江苏省乡村振兴发展水平（0.3522）约为青海省（0.0612）的5.75倍，产业兴旺、生态宜居、乡风文明、治理有效、共同富裕五个子系统之间发展不均衡，生态宜居指数（0.3759）约为治理有效指数（0.1068）的3.52倍。

第二，两系统耦合协调度值处于[0.3097,0.6285]，2015—2021年职业教育与乡村振兴耦合协调呈现持续向上的态势，由于疫情影响，2020年耦合协调度有所回落。在八大经济区中，东部沿海、长江中游、北部沿海经济区的耦合协调度位于前三，只有东北和大西北经济区的耦合协调度落后于全国平均水平，尤其是大西北经济区的耦合协调度远远低于其他各经济区。

第三，从一级指标来看，十个子系统中协调发展、治理有效、生活富裕子系统持续发挥着较大作用，而共享发展、生态宜居、绿色发展子系统的作用有待发挥，前期治理有效、生活富裕子系统发挥较大作用，而后期协调发展、开放发展子系统对两系统协调发展的影响较大。

04 评价篇

第十章　职业教育与农业农村现代化发展的关系研究

第一节　职业教育与农业农村现代化关系研究综述

职业教育在实现我国农业农村现代化的过程中发挥着重要的作用，如提升农业技能和创新能力、支持农村产业发展、促进农民就业和创业、推动农民转产转业、促进农村社会文化建设。

职业教育可以为农民提供系统的职业培训，提升其农业生产技能和管理能力，推广先进的农业技术和最佳实践经验。职业教育还能培养农民的创新思维和实践能力，鼓励农民参与农业科技创新，推动农业农村现代化。职业教育可以针对农村产业化发展的需求，提供相关的专业培训和技术支持。通过培养专业化的农业人才，可以帮助企业和农民合作社改善管理水平，推动农产品加工、农业物流等农村产业链的发展，提高农产品附加值。职业教育可以为农民提供职业技能培训，开办适应当地实际情况的职业教育机构和培训中心，为农民提供就业和创业的机会。通过培训，农民可以成为技术工人、经营管理人员或创业者，提高就业竞争力，摆脱贫困，增加收入。职业教育可以为农民提供转产转业的培训和支持。通过教授农民新的就业技能和创业知识，可以培养他们从事非农产业或服务业的能力，帮助他们实现从农业到非农领域的转变。职业教育还可以提供农村社会文化建设的支持。通过开展职业技能与文化教育相结合的培训，可以提高农民的文化素质和综合素质,培养他们的社会责任感和公民意识。

学者们为科学测算农业农村现代化水平已经展开较多相关探索。例如,李裕瑞等(2014)学者对市域"四化"发展水平和耦合协调度进行了综合测算;辛岭等(2014)学者构建了评价指标体系,先后对省域和县域农业现代化水平进行了测算;李丽纯(2013)基于投入产出对农业现代化水平做出评价并分析了波动趋势。国家从宏观层面上提出要加快农业农村现代化建设后,张应武等(2019)学者基于乡村振兴的五大总要求构建了评价指标体系,对2013—2016年我国省域农业农村现代化水平的时空演进特征做出比较;魏后凯等(2019)学者在乡村振兴视野下对2018年省域农业农村现代化的实现程度和推进次序做出判定。总的来说,农业农村现代化测算体系在延续农业现代化测算指标的基础上,纳入了乡村振兴五大要求的考量,但对农业结构、生产和经营等方面的考量较缺乏;所使用的评价方法主要集中在主客观组合赋权变异系数法、专家打分法、层次分析法及熵值法。因此,对于农业农村现代化的研究尚需拓展考核方向及提高指标权重精度。

总之,现有对农业农村现代化的定量测度和影响因素研究尚处于起步阶段,侧重于理论内涵辨析、水平测度及类型划分,在考核维度和指标权重测算方面尚需细化,对省域农业农村现代化的结构和水平差异及其生成原因有待深入探讨。

上述文献对研究区域发展提供了有力的借鉴,但是分析可知现有研究存在以下三方面不足。第一,理论探讨不足,较少分析要素对区域发展的影响机制;第二,缺乏对实证结果的验证,大部分模型没有相对应的检验过程;第三,缺乏对区域层面的特征分析,普遍从全国层面来探讨职业教育、农业农村现代化两系统间耦合发展路径,鲜有文献将两者作为一个综合系统,研究其耦合协同发展效应。

基于此，本文对职业教育、农业农村现代化两者之间内在影响机理进行理论分析，并运用耦合度模型（Coupling Degree Model，CDM）、面板向量自回归模型（Panel Vector Autoregression，PVAR）、CDM – PVAR 组合模型，研究我国 31 个省（市、自治区）2015—2021 年职业教育、农业农村现代化子系统协同发展效应，阐明我国职业教育、农业农村现代化发展的时空规律，并对耦合关系进行自回归检验，旨在为我国职业教育与农业发展及战略制定提供有益的借鉴。

第二节 职业教育质量与农业农村现代化关系的实证分析

一、指标构建

职业教育质量评价指标体系构建方式同第 9 章，此处不再赘述。

农业农村现代化评价指标体系如表 10-1 所示。农业农村现代化评价指标体系 具体包括产业现代化、环境现代化、文化现代化、治理现代化、生活现代化 5 个一级指标，农业发展质量、农村产业融合、农业绿色生产、农村人居环境、农村文化生活、农村教育发展、农村卫生文化、自治组织、民主参与、社会保障、农民收入水平、农民收入结构、农民生活质量、城乡收入差距 14 个二级指标，以及 27 个三级指标。

表 10-1 农业农村现代化评价指标体系

一级指标	二级指标	三级指标	指标属性（单位）	指标说明	指标权重
产业现代化	农业发展质量	粮食生产能力	正向（万吨/千公顷）	粮食单位面积产量	0.0306%
		农业劳动生产率	正向（%）	人均第一产业增加值	0.0503%
		农业机械化程度	正向（%）	人均农用机械总动力	0.0610%
	农村产业融合	农产业链延伸	正向（%）	农产品初加工机械总动力与农业机械总动力的比值	0.0543%
		农业新业态培育	正向（%）	机播面积占农作物总播种面积比重	0.0442%
			正向（%）	农林牧渔业增加值与地区生产总值比值	0.0304%
环境现代化	农业绿色生产	化肥施用强度	适度（%）	每千公顷农作物播种面积的化肥施用量	0.0382%
		农药使用强度	适度（%）	每千公顷农作物播种面积的农药施用量	0.0431%
	农村人居环境	农村绿化美化	正向（%）	乡村绿化覆盖率	0.0451%
		农村能源供应	正向（%）	农村每万人用电量	0.1944%
		村庄道路硬化率	正向（%）	村庄道路硬化率	0.0327%
		农村供水普及率	正向（%）	农村供水普及率	0.0088%
		农村燃气普及率	正向（%）	农村燃气普及率	0.0503%
文化现代化	农村文化生活	公益性文化机构	正向（%）	每万人乡镇文化站数量	0.0209%
		广播电视覆盖率	正向（%）	农村广播电视综合覆盖率	0.0069%
		教育文化娱乐支出	正向（%）	农村居民教育文化娱乐支出占比	0.0113%

· 161 ·

续 表

一级指标	二级指标	三级指标	指标属性（单位）	指标说明	指标权重
文化现代化	农村教育发展	农村师资力量	正向（%）	乡村义务教育学校专任教师本科以上学历占比	0.0125%
		农村教育水平	正向（%）	农村居民平均受教育年限	0.0047%
	农村卫生文化	乡村医护人员	正向（%）	农村每万人拥有乡村医生和卫生员数	0.0248%
治理现代化	自治组织	村民委员会覆盖率	正向（%）	农村每个乡村委员会覆盖率	0.0661%
	民主参与	自治组织参与率	正向（%）	农村人口参与村民委员会人数比	0.0463%
	社会保障	农村最低生活保障人数	负向（人）	农村最低生活保障人数	0.0096%
		农村居民最低生活保障标准	适度（元）	农村居民最低生活保障平均标准	0.0431%
生活现代化	农民收入水平	农村居民家庭人均可支配收入	正向（%）	农村居民家庭人均可支配收入	0.0344%
	农民收入结构	工资性收入占比	正向（%）	工资性收入占人均可支配收入的比重	0.0147%
	农民生活质量	农村居民恩格尔系数	正向（%）	食品烟酒支出占农村居民消费支出比重	0.0065%
	城乡收入差距	城乡居民收入比	适度（%）	城镇居民人均可支配收入与农村居民人均可支配收入的比值	0.0147%

二、数据来源

本研究主要以 2015—2021 年我国 31 个省（市、自治区）（不包括港澳台地区）为样本，测度我国职业教育质量发展水平和农业农村现代化水平。本文数据来自国家统计局、教育部及农业农村部、交通运输部、民政部，历年《中国统计年鉴》《中国教育统计年鉴》《中国教育经费统计年鉴》《高等学校科技统计资料汇编》《中国农村统计年鉴》《中国农业机械工业年鉴》《中国城乡建设统计年鉴》《中国人口与就业统计年鉴》《中国民政统计年鉴》等，其中高等职业教育部分的数据手工采集自历年各省（市、自治区）《高等职业教育质量年度报告》。由于个别省（市、自治区）的数据存在缺失，为保证数据的完整性，减少数据误差，采用线性插值法进行补齐，并对原始数据进行对数化处理，以保证数据的平稳性。

三、研究方法

（1）利用综合赋权法确定指标权重

对职业教育发展指数综合应用层次分析法主观赋权和熵值法客观赋权。

（2）计算耦合协调度

耦合是指两个或两个以上的系统良性互动、彼此影响的现象，是在子系统互动背景下，共同依赖"协调"增强的动态关系。根据耦合理论，两系统耦合函数为：

$$C = {}^2\!\sqrt{\frac{VE_i \cdot AG_i}{\left(\dfrac{VE_i + AG_i}{2}\right)^2}}$$

C 为两系统间耦合度，$C \in [0, 1]$；VE_i 为职业教育质量发展指数，

AG_i 为农业农村现代化指数, $VE_i = \sum_{j=1}^{n} \lambda_{ij} \mu^n$, AG_i 同理。

耦合度反映了系统之间相互作用的强度，但是有时候并未区分这种相互作用的好坏，需要加上协调度 T，构建系统耦合协调度模型如下：

$$T = (VE_i + AG_i)/2$$

$$D = \sqrt{C + T}$$

本研究认为职业教育系统与农业农村系统在相互耦合协调作用过程中是同等重要的，因此将待定系数的值均取为 0.5。

参考相关研究及数据分布，耦合协调度等级划分如表 10-2 所示。

表 10-2 耦合协调度等级分类

耦合协调度	类型	耦合协调度	类型
$0 < D \leq 0.3$	严重失调	$0.5 < D \leq 0.6$	初级协调
$0.3 < D \leq 0.4$	轻度失调	$0.6 < D \leq 0.7$	中级协调
$0.4 < D \leq 0.5$	勉强协调	$0.7 < D \leq 1$	高级协调

四、结果分析

（1）耦合协调度分析

经过计算得出 31 省（市、自治区）2015—2021 年职业教育质量发展指数（VE）、农业农村现代化指数（AG）、耦合度（C）、协调度（T）和耦合协调度（D）。其中耦合协调度如表 10-3 所示。

表 10-3 中国职业教育与农业农村现代化系统耦合协调度

地区	耦合协调度							
	2015年	2016年	2017年	2018年	2019年	2020年	2021年	均值
北京	0.5173	0.5338	0.5159	0.5314	0.5173	0.5488	0.5438	0.5298
天津	0.5374	0.5188	0.5101	0.5470	0.5468	0.5449	0.5547	0.5371

续 表

地区	耦合协调度							
	2015年	2016年	2017年	2018年	2019年	2020年	2021年	均值
河北	0.5604	0.6170	0.6205	0.6520	0.6881	0.6700	0.6509	0.6370
山西	0.5586	0.5472	0.5585	0.5506	0.5702	0.5284	0.5492	0.5518
内蒙古	0.4834	0.4756	0.5320	0.5541	0.5779	0.5901	0.5846	0.5425
辽宁	0.4875	0.4599	0.4702	0.5232	0.5726	0.5200	0.4851	0.5027
吉林	0.4765	0.5172	0.5405	0.5709	0.6176	0.5440	0.5952	0.5517
黑龙江	0.5727	0.5395	0.5605	0.5659	0.5866	0.5937	0.5585	0.5682
上海	0.5669	0.5708	0.5697	0.5839	0.6092	0.5919	0.4969	0.5699
江苏	0.6324	0.6453	0.6813	0.6869	0.7031	0.6960	0.6735	0.6741
浙江	0.6104	0.6222	0.6280	0.6250	0.6436	0.6434	0.6358	0.6298
安徽	0.5450	0.5550	0.5608	0.5632	0.6056	0.5957	0.6040	0.5756
福建	0.5654	0.5088	0.5053	0.6287	0.6434	0.6043	0.5987	0.5792
江西	0.5233	0.5473	0.5722	0.5812	0.6115	0.5904	0.5935	0.5742
山东	0.5667	0.6206	0.6601	0.6609	0.6979	0.6654	0.6910	0.6518
河南	0.5281	0.5309	0.6533	0.6428	0.6468	0.6187	0.6537	0.6106
湖北	0.5506	0.5607	0.5645	0.5892	0.6190	0.6050	0.5947	0.5834
湖南	0.5652	0.5735	0.5949	0.6073	0.6313	0.6167	0.6419	0.6044
广东	0.4691	0.5332	0.5625	0.5816	0.6111	0.6477	0.6326	0.5768
广西	0.4971	0.5035	0.5097	0.6005	0.6374	0.6277	0.6398	0.5737
海南	0.5422	0.5526	0.5302	0.5365	0.5418	0.5168	0.4930	0.5304
重庆	0.4839	0.4788	0.5491	0.5376	0.5728	0.5600	0.5692	0.5359
四川	0.5449	0.5750	0.5839	0.6196	0.6211	0.6150	0.6108	0.5957
贵州	0.4824	0.5326	0.5292	0.5430	0.5339	0.5226	0.5227	0.5238
云南	0.4416	0.5388	0.5934	0.5810	0.5925	0.6284	0.5889	0.5664
西藏	0.3678	0.4245	0.3737	0.4397	0.4319	0.4924	0.4235	0.4219
陕西	0.4342	0.5112	0.5499	0.5391	0.5610	0.5658	0.5608	0.5317
甘肃	0.4406	0.4668	0.4845	0.5030	0.5590	0.5327	0.5185	0.5007

续 表

地区	耦合协调度							
	2015年	2016年	2017年	2018年	2019年	2020年	2021年	均值
青海	0.4211	0.4169	0.4413	0.4506	0.4311	0.4407	0.4382	0.4343
宁夏	0.4092	0.4947	0.4685	0.4815	0.4741	0.4451	0.4701	0.4633
新疆	0.4929	0.4865	0.5324	0.5633	0.5628	0.5232	0.5562	0.5310
全国值	0.5121	0.5310	0.5486	0.5691	0.5877	0.5770	0.5719	0.5568
总均值	0.556							

（2）时间维度耦合协调度分析

根据2015—2021年全国八大经济区系统时间趋势图耦合协调度（图10-1）可知，绝对值从0.5121上升到0.5719，增长率达11.68%，总体处于初级协调水平。耦合协调整度体呈现缓慢上升趋势，在2019年达到峰值，2020年有所回落。

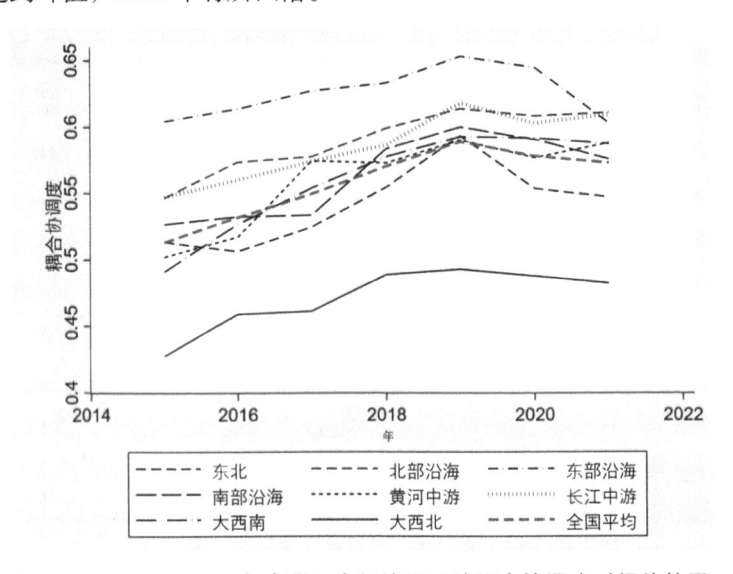

图10-1 2015—2021年全国八大经济区系统耦合协调度时间趋势图

按照八大经济区划分，从图10-1中可以看出，的耦合协调度我国八大经济区职业教育和农业农村现代化的耦合协调度差异很大，东部沿海、长江中游、北部沿海经济区的耦合协调度在全国平均水平之上，且东部沿海经济区整体耦合协调度遥遥领先；南部沿海、黄河中游、大西南经济区的耦合协调度与全国平均水平相近，发展趋势线多有交叉；而东北、大西南经济区的耦合协调度在全国平均水平之下，且大西北经济区的耦合协调度远远落后。从增速来看，大西南、黄河中游、大西北、北部沿海、长江中游经济区的增速排在前5位，分别是19.65%、17.16%、12.90%、11.85%、11.45%，东部沿海经济区2021年耦合协调度有较大回落，增速为负，但考虑期间峰值和初始低值的增速为8.08%；东北经济区增速最慢，为6.64%。

2021年省域情况耦合协调度值最高的五个省（市、自治区）为江苏（0.6735）、山东（0.6910）、河北（0.6509）、浙江（0.6358）、河南（0.6537），增速最高的五个省（市、自治区）为山东（34.85%）、河南（33.37%）、广东（29.16%）、河北（28.70%）、广西（24.91%），可以看出各省（市、自治区）耦合协调度走势与各地区呈现相似性。2019年，职业教育改革成效明显，拟予激励支持省（市、自治区）有江苏、福建、河北、江西、甘肃，这与本文的研究结果相一致；其中，甘肃的表现在大西北经济区突出，增速排名第9位，政策激励效果明显。

（3）空间维度耦合协调分析

由于时间层面无法全面反映系统耦合协调度的空间时变，因此根据各个年度的截面数据绘图，准确分析耦合协调度的空间结构。

从7个时间截面上，均呈现出东部沿海较高水平。随着时间的推移，2016年北部沿海经济区、2017年黄河中游经济区、2018大西南经济区逐步出现中级协调水平的省（市、自治区），发展到2019年达到高峰，2019年东北经济区也出现了达到中级协调水平的吉林省，甚至东部沿海经济区还出现了达到高级协调水平的江苏省；2020

年整体协调水平有所下降，主要体现为新晋级的省（市、自治区）持续后劲不足，江苏省从2019年的高级协调水平回落为中级协调水平，吉林省、安徽省、江西省从中级协调水平回落为初级协调水平，但是云南省却由初级协调水平升至中级协调水平；2021年我国仍处于疫情防控期，协调水平较2020年有略微回落，云南省、湖北省、福建省从中级协调水平回落至初级协调水平，但安徽省又从初级协调水平上升至中级协调水平。由此可以看出，疫情期间系统耦合发展情况，整体水平是略有上升的，安徽省、广西壮族自治区水平都从初级协调水平升至中级协调水平。因而整个研究期间，即使有外部疫情冲击，系统耦合协调度是向好发展的。这得益于我国颁发执行的职业教育发展政策及乡村振兴战略。

第十一章 职业教育对农业农村现代化的影响机制分析

第一节 职业教育对农业农村现代化影响机制的灰色关联研究

职业教育对农业农村现代化的影响是多方面的，这些因素的影响程度也尚不可知，需要进一步分析。基于灰色系统理论的灰色关联分析，相较于传统统计方法，对样本数量、数据分布都没有特别要求，非常适合本研究。本研究运用灰色关联分析探索中国职业教育高质量发展水平构成因素与职业教育高质量发展的微观适应机制，计算公式如下。

灰色关联系数：

$$\delta_{[x_o(k),x_i(k)]} = \frac{\lim\limits_{i}\lim\limits_{k}|x_o(k)+x_i(k)| + \mu \max\limits_{i} \max\limits_{k}|x_o(k)+x_i(k)|}{|x_o(k)+x_i(k)| + \mu \max\limits_{i} \max\limits_{k}|x_o(k)+x_i(k)|}$$

其中 μ 为分辨系数，此处取值 0.5。

灰色关联度：$R = \frac{1}{n}\sum_{k=1}^{n} W_k \times \delta_{[x_o(k),x_i(k)]}$

将农业农村现代化作为一个灰色系统，以农业农村现代化指数为参考序列，将职业教育发展指数的 36 个指标作为比较序列，2015—2021 年指标关联度系数计算值如表 11-1 所示。

表 11-1　2015—2021 年指标关联度系数计算值

指标	具体指标	2015 年	2016 年	2017 年	2018 年	2019 年	2020 年	2021 年
V1	高职科研服务经费	0.5305	0.5797	0.5202	0.5430	0.6054	0.5289	0.5576
V10	高等职业学校生师比	0.5101	0.5563	0.5304	0.5203	0.6317	0.5573	0.6020
V11	中等职业学校生师比	0.7254	0.7397	0.7492	0.7510	0.6388	0.6608	0.6736
V12	高职规模占高等教育规模比例	0.5566	0.5819	0.5476	0.6234	0.6461	0.6249	0.6441
V13	中职规模占高中阶段教育规模比例	0.7400	0.7287	0.7520	0.6914	0.7266	0.7103	0.7122
V14	高职生均校内实践教学工位数	0.5674	0.5833	0.5710	0.5855	0.6218	0.5524	0.5383
V15	中职学生均教学用计算机数	0.5811	0.5749	0.5770	0.5910	0.6326	0.5786	0.5655
V16	中职生均图书	0.6365	0.6646	0.6587	0.6598	0.7215	0.6886	0.6495
V17	中职生均绿化用地面积	0.6201	0.6481	0.6199	0.6366	0.6723	0.6537	0.6446
V18	中职生均校舍建筑面积	0.6950	0.7274	0.7578	0.7774	0.7122	0.6236	0.6820
V19	中职生均运动场地面积（平方米/人）	0.7219	0.7133	0.6962	0.6978	0.6879	0.6950	0.7040
V2	中职当年新增生均教学仪器设备值	0.5314	0.5362	0.5209	0.5334	0.5678	0.4950	0.4905

续 表

指标	具体指标	2015年	2016年	2017年	2018年	2019年	2020年	2021年
V20	在校生服务"走出去"企业国（境）外实习时间	0.6391	0.6718	0.6836	0.7130	0.7297	0.7059	0.5737
V21	专任教师赴国（境）外指导和开展培训时间	0.7661	0.7283	0.7002	0.6691	0.5458	0.6163	0.6364
V22	开发并被国（境）外采用的专业教学标准数	0.5320	0.5452	0.5298	0.5489	0.5834	0.5581	0.5622
V23	开发并被国（境）外采用的课程标准数	0.6275	0.6069	0.5566	0.6012	0.6542	0.5866	0.5756
V24	中等职业教育招生增长率	0.6440	0.6561	0.6894	0.7179	0.6855	0.7106	0.7086
V25	高等职业教育招生增长率	0.6740	0.6949	0.6606	0.6412	0.7162	0.6403	0.6372
V26	高等职业学校生均一般公共预算教育事业费支出	0.7007	0.6964	0.6930	0.6870	0.7255	0.7252	0.7093
V27	中等职业学校生均一般公共预算教育事业费支出	0.5919	0.5488	0.5119	0.5019	0.5273	0.5558	0.5600
V28	高等职业学校生均一般公共预算教育经费指数	0.5833	0.5546	0.4952	0.5200	0.5856	0.5564	0.5760
V29	中等职业学校生均一般公共预算教育经费指数	0.6402	0.6976	0.6010	0.6893	0.6690	0.6916	0.6888
V3	高职生均教学科研仪器设备值	0.6043	0.6002	0.6064	0.5962	0.6490	0.6080	0.6419
V30	高职专任教师双师型教师占比	0.6735	0.6226	0.6272	0.6008	0.6382	0.6521	0.6700

续表

指标	具体指标	2015年	2016年	2017年	2018年	2019年	2020年	2021年
V31	中职专任教师研究生学历教师占比	0.6672	0.6360	0.6406	0.7220	0.6616	0.6287	0.6615
V32	中职专任教师高级职称教师占比	0.7156	0.7372	0.7225	0.7670	0.6110	0.6506	0.6884
V33	高职专任教师高级职称教师占比	0.7347	0.7494	0.7496	0.7685	0.7038	0.7285	0.7466
V34	高职毕业生母校满意度	0.7013	0.7283	0.7242	0.7656	0.7122	0.6997	0.6950
V35	高职毕业生就业率	0.7424	0.7322	0.7170	0.7206	0.6207	0.6478	0.6580
V36	高职雇主满意度	0.6502	0.6095	0.6124	0.6225	0.7530	0.6761	0.6977
V4	高职非学历培训到款额	0.7422	0.7256	0.7285	0.7356	0.6283	0.6850	0.7268
V5	高职自主创业比例	0.6420	0.6359	0.6523	0.6707	0.6919	0.6548	0.6722
V6	高等职业教育与普通高等教育招生比	0.7172	0.7172	0.6894	0.7057	0.6557	0.6966	0.6867
V7	中等职业教育与普通高中招生比	0.6295	0.5682	0.5816	0.6877	0.5560	0.6675	0.5083
V8	高等职业学校与普通高等教育在校生比	0.5414	0.5034	0.4667	0.4807	0.5890	0.6485	0.5936
V9	中等职业教育与普通高中在校生比	0.5302	0.5896	0.5371	0.5532	0.5346	0.5168	0.4759

第十一章 职业教育对农业农村现代化的影响机制分析

灰色关联度及关联序的评价结果如表 11-2 所示，农业农村现代化与职业教育发展各动力因素之间的灰色关联度排序（前 8 位）为：高职专任教师高级职称教师占比、中职专任教师高级职称教师占比、高职毕业生母校满意度、中职规模占高中阶段教育规模比例、高等职业学校生均一般公共预算教育事业费支出、中等职业学校生师比、高等职业教育与普通高等教育招生比、中等职业教育招生增长率。

表 11-2 灰色关联度及关联序的评价结果

指标	具体指标	关联度	关联序
V1	高职科研服务经费	0.5867	31
V10	高等职业学校生师比	0.6087	28
V11	中等职业学校生师比	0.7423	6
V12	高职规模占高等教育规模比例	0.6921	16
V13	中职规模占高中阶段教育规模比例	0.7525	4
V14	高职生均校内实践教学工位数	0.6208	26
V15	中职学生均教学用计算机数	0.6607	23
V16	中职生均图书	0.6907	17
V17	中职生均绿化用地面积	0.6886	19
V18	中职生均校舍建筑面积	0.7165	10
V19	中职生均运动场地面积（平方米/人）	0.7052	11
V2	中职当年新增生均教学仪器设备值	0.5516	34
V20	在校生服务"走出去"企业国（境）外实习时间	0.6997	14
V21	专任教师赴国（境）外指导和开展培训时间	0.7029	13
V22	开发并被国（境）外采用的专业教学标准数	0.5727	32
V23	开发并被国（境）外采用的课程标准数	0.6101	27
V24	中等职业教育招生增长率	0.7222	8

续 表

指标	具体指标	关联度	关联序
V25	高等职业教育招生增长率	0.6774	20
V26	高等职业学校生均一般公共预算教育事业费支出	0.7436	5
V27	中等职业学校生均一般公共预算教育事业费支出	0.5718	33
V28	高等职业学校生均一般公共预算教育经费指数	0.5985	29
V29	中等职业学校生均一般公共预算教育经费指数	0.6983	15
V3	高职生均教学科研仪器设备值	0.6475	24
V30	高职专任教师双师型教师占比	0.6467	25
V31	中职专任教师研究生学历教师占比	0.6707	21
V32	中职专任教师高级职称教师占比	0.7637	2
V33	高职专任教师高级职称教师占比	0.7694	1
V34	高职毕业生母校满意度	0.7572	3
V35	高职毕业生就业率	0.7047	12
V36	高职雇主满意度	0.6891	18
V4	高职非学历培训到款额	0.7206	9
V5	高职自主创业比例	0.6691	22
V6	高等职业教育与普通高等教育招生比	0.7284	7
V7	中等职业教育与普通高中招生比	0.5900	30
V8	高等职业学校与普通高等教育在校生比	0.5430	35
V9	中等职业教育与普通高中在校生比	0.5289	36

根据灰色系统理论，职业教育与农业农村现代化之间是相互影响的。现实中职业教育一般作为先行变量，对农业农村现代化产生影响，因此本研究列示了职业教育发展指数与农业农村现代化指数的关联度。表11-3列出了职业教育子系统与农业农村现代化子系统

之间的相互关联度，符合二者之间的理论机制。

表11-3 子系统关联度

子系统	关联度	子系统	关联度
创新发展	0.7109	产业兴旺	0.7077
协调发展	0.6506	生态宜居	0.6366
绿色发展	0.6852	乡风文明	0.7087
开放发展	0.6139	治理有效	0.7049
共享发展	0.6758	生活富裕	0.6893

第二节 职业教育对农业农村现代化影响机制的PVAR模型分析

一、研究方法

为了探索两系统耦合欠协调的具体原因，采用PVAR模型详细分析职业教育发展指数（VE）、农业农村现代化指数（AG）的相互作用程度。PVAR模型最早是由霍尔·埃金（Holtz Eakin）等学者（1988）提出的，延续了VAR模型的优点，不以严格的经济理论为依据，无须设定变量之间的因果关系，不需要区分变量的内生性或外生性。PVAR模型提供了丰富的结构，可以捕获更多的数据特征。相比VAR模型，PVAR在进行GMM（高斯混合模型）估计前，在时间界面上用均值差分法去除时间固定效应，然后在Helmert过程去除（采用向前均值差分法）个体固定效应，随后研究各系统间的长期相互作用关系。构建模型如下：

$$y_{it} = a_o + \sum_{j=1}^{p} \eta_j y_{i,t-j} + \Upsilon_t + \xi_i + \varepsilon_{it}$$
$$y_{it} = (H_{it}, E_{it}, L_{it})$$

i 代表省（市、自治区），t 代表年，表示预处理后的变量，a_0 表示截距常系数向量，η_p 是 2×2 的参数矩阵，$y_{i,t-p}$ 是 $y_{i,t}$ 的 p 阶滞后项，γ_t 是表示时间效应 2×1 常数向量，ξ_i 是表示个体效应的 2×1 常数向量，ε_{it} 是随机项向量。

二、单位根检验

对两系统综合指数数据进行单位根检验。采用 LLC 检验、Fisher-ADF 检验、Fisher-PP 检验和 IPS 检验考察变量平稳性，滞后一阶数据单位根检验结果如表 11-4 所示。可见两系统综合指数在 1% 的显著水平下一阶差分都是平稳的，所以 VE、AG 均为一阶单整序列。

表 11-4 滞后一阶数据单位根检验结果

变量	LLC 检验	Fisher-ADF 检验	Fisher-PP 检验	IPS 检验
$VE(-1)$	−61.1817***	55.1802***	21.2475***	−47.1886***
$AG(-1)$	−93.2764***	31.8260***	20.1705***	−47.5693***
$VE1(-1)$	−21.9508***	61.4686***	16.5279***	−59.1073***
$VE2(-1)$	−17.9921***	18.6680***	3.7797***	−4.6811***
$VE3(-1)$	−11.0909***	21.4130***	4.2929***	−30.3619***
$VE4(-1)$	−46.0005***	44.6387***	5.5099***	−15.8713***
$VE5(-1)$	−15.3664***	30.5502***	16.2728***	−12.9723***
$AG1(-1)$	−45.0827***	23.1559***	40.5967***	−13.55***
$AG2(-1)$	−55.7200***	20.6784***	11.0395***	−12.3323***
$AG3(-1)$	−2.2e+02***	35.8009***	15.9495***	−74.1618***
$AG4(-1)$	−13.6393***	22.8882***	8.2563***	−5.547***1
$AG5(-1)$	−30.8751***	37.6228***	6.2243***	−15.2404***

注：$VE1$-$VE5$ 代表职业教育五个子系统，$AG1$-$AG5$ 同理；*、**、*** 分别表示 10%、5%、1% 的显著性水平。

三、PVAR 模型参数估计结果及分析

根据 AIC、BIC 与 HQIC 信息准则值，模型设定为一阶滞后 PVAR 模型，模型滞后一阶数据检验结果如表 11-5 所示。

表 11-5 模型滞后一阶数据检验结果

滞后阶数	AIC	BIC	HQIC
1	−7.67525*	−6.37934*	−7.14888*
2	−7.26317	−5.67108	−6.61643
3	−6.10389	−4.0887	−5.29021

PVAR 模型参数估计结果如表 11-6 所示。d_VE、d_AG 代表 VE、AG 固定效应得到的值，d_VE（−1）、d_AG（−1）分别表示职业教育质量指数滞后一期和农业农村现代化滞后一期。

表 11-6 PVAR 模型参数估计结果

区域	自变量	因变量 d_VE 系数	因变量 d_VE P 值	因变量 d_AG 系数	因变量 d_AG P 值
全国	d_VE（−1）	0.449***	0.000	0.042*	0.077
全国	d_AG（−1）	−0.351	0.393	0.782***	0.000
东北	d_VE（−1）	0.203	0.459	0.104***	0.008
东北	d_AG（−1）	−0.030	0.980	0.964***	0.000
北部沿海	d_VE（−1）	0.430**	0.017	0.099*	0.064
北部沿海	d_AG（−1）	−0.447	0.629	1.237***	0.000
东部沿海	d_VE（−1）	−0.783	0.788	−1.480	0.701
东部沿海	d_AG（−1）	2.369	0.748	2.190	0.818
南部沿海	d_VE（−1）	0.914	0.134	0.008	0.907
南部沿海	d_AG（−1）	−2.507	0.611	0.752	0.209
黄河中游	d_VE（−1）	0.405	0.097	0.081***	0.006
黄河中游	d_AG（−1）	−0.005	0.995	1.060***	0.000

续 表

区域	自变量	因变量 d_VE 系数	P 值	因变量 d_AG 系数	P 值
长江中游	d_VE（-1）	0.215	0.443	0.151***	0.000
	d_AG（-1）	0.232	0.718	0.928***	0.000
大西南	d_VE（-1）	0.622	0.038	0.050	0.261
	d_AG（-1）	-0.820	0.590	0.730***	0.006
大西北	d_VE（-1）	0.228	0.240	0.032	0.379
	d_AG（-1）	-0.772	0.412	0.993***	0.000

根据表11-6可知，因变量为d_VE指数的方程得出滞后一期的d_AG（-1）自变量结果不显著，说明农业农村现代化对职业教育的影响较弱，或者不具有强有力的解释能力，这可能是因为当前农业农村现代化发展起来以后并未形成对职业院校在学科设置、招生、科研等方面的反馈作用；因变量为d_AG的方程得出滞后一期的d_VE（-1）自变量系数为0.042，结果显著，说明当前我国职业教育已经形成了对农业农村现代化的正向促进作用，虽然这种正向促进作用较小，但是良性促进机制已经形成。在上述两个方程中，滞后一期的d_VE（-1）对d_VE（0.449）、滞后一期的d_AG（-1）对d_AG（0.782）的影响均在1%水平下，显著说明职业教育质量发展、农业农村现代化均已具备了自我增强机制。

为了进一步了解各区域情况，本文进行了分区域子样本的PVAR模型分析，可以看出东北经济区（0.104）、北部沿海经济区（0.099）、黄河中游经济区（0.081）、长江中游经济区（0.151）形成了职业教育发展对农业农村现代化的良性促进机制，北部沿海经济区（0.430）形成了职业教育发展的自我增强机制，而其他区域有待健全两系统间的耦合协调机制。

四、稳定性检验

为了验证 PVAR 模型的合理性，本文进行了稳定性检验。图 11-1 所示为根据 PVAR 模型建立的 AR 根图，可以看出所有特征根都位于单位圆内，证明所建立的模型是稳健的。

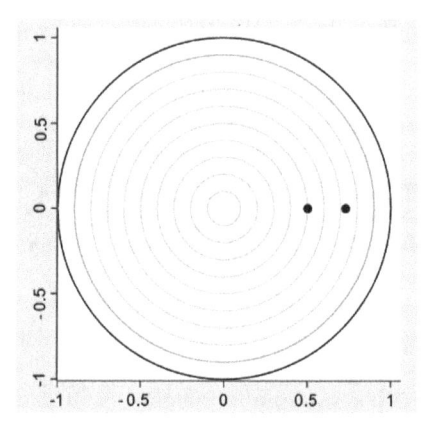

图 11-1　PVAR 模型的 AR 根图

五、格兰杰因果检验

为了检验职业教育发展与农业农村现代化之间的因果关系，利用格兰杰因果检验进行分析，结果如表 11-7 所示。

表 11-7　格兰杰因果检验结果

因变量	自变量	卡方检验	自由度	概率
VE	AG	0.73	1	0.393
AG	VE	3.127	1	0.077

从格兰杰因果检验的结果来看，职业教育发展和农业农村现代化不构成双向因果关系，仅呈现出职业教育发展促进农业农村现代化的单向因果关系，这和理论分析是一致的。一般而言教育是经济发展的先行变量，职业教育为农业农村现代化培养人力资本，应该走在农业农村现代化的前面。

六、脉冲分析

上述分析结果说明了两指数之间的影响关系,但未能说明系统中变量受到冲击时所产生的动态变化,为进一步分析职业教育和农业农村现代化之间的动态关系,采用脉冲响应函数分析职业教育如何对农业农村现代化产生动态影响的过程。用 Monte Carlo(蒙特卡洛模拟)200 次,得到 0~6 期各变量对农业农村现代化的冲击响应过程。

职业教育对农业农村现代化的脉冲首先表现为正向,在第 1 期正向冲击达到最大,第 2 期后逐渐回归稳态,并在第 3 期达到平稳状态,如图 11-2(a)所示。

职业教育对自身的脉冲影响为负向,在第 1 期负向冲击达到最大,在第 2 期冲击几乎已经没有,而第 3 期后这种冲击变为毫无影响了,如图 11-2(b)所示。

农业农村现代化对自身的脉冲影响为负向,这种影响持续期稍长,第 1 期冲击幅度最大,此后第 2 期、第 3 期冲击逐渐缩小,直至第 4 期冲击趋于 0 值,如图 11-2(c)所示。

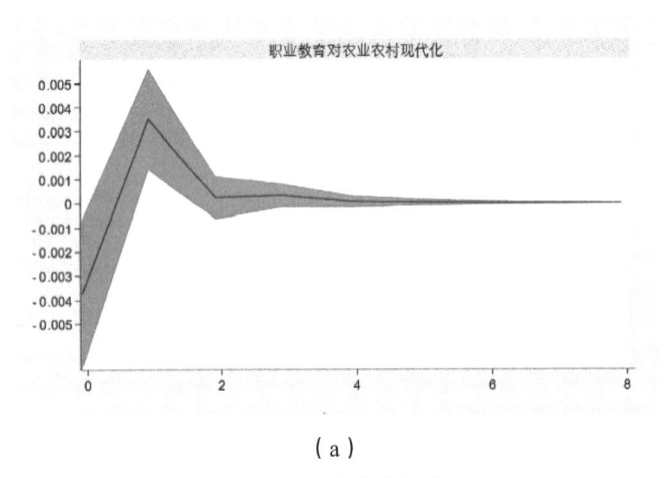

(a)

图 11-2 脉冲分析图

(b)

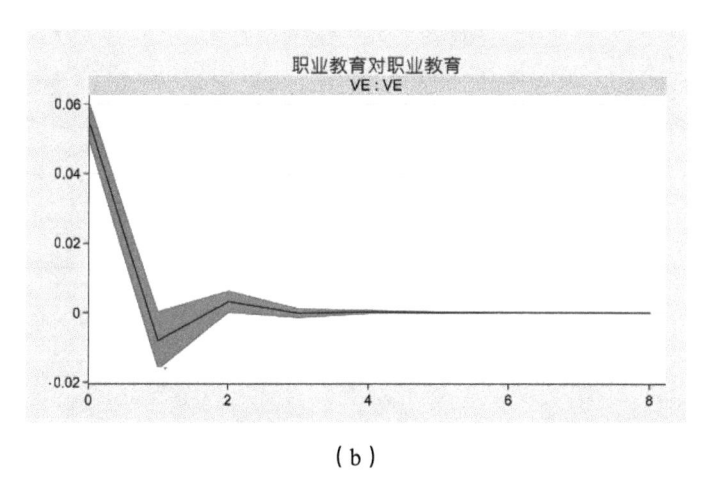

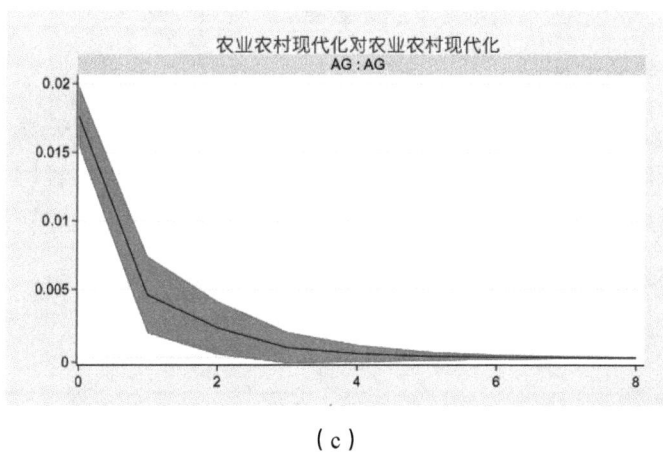

(c)

图 11-2 脉冲分析图（续）

七、方差分解

用方差分解方法比较两系统内变量对农业农村现代化的相对重要性，并列出了预测期内各变量对农业农村现代化的累积贡献度。为了精确考察职业教育对农业农村现代化影响程度的大小，通过方差分解得到了农业农村现代化滞后1期、2期、3期、5期、8期的方差分解结果，如表11-8所示。

表 11-8　全国方差分解结果

滞后期	VE	AG
1	4.34%	95.66%
2	7.40%	92.60%
3	7.32%	92.68%
5	7.34%	92.66%
8	7.34%	92.66%

通过比较方差贡献率可以看出，农业农村现代化在第1期对其自身的解释程度是最大的，第2期后有所下降，到第5期以后系统内部方差贡献率不再变化；职业教育可以对农业农村现代化产生影响，这种影响在第1期并不大（4.34%），但第5期以后长期稳定在一个比率上（7.34%），这种长期作用不容小觑，这正是职业教育对农业农村现代化建设的意义所在。这也和经典理论所阐释的人力资本长期基础稳定作用相一致。本文分别在单向格兰杰因果机制存在的经济区做了方差分解，结果如表11-9所示。

表 11-9　四大经济区预测方差分解结果

滞后阶数	东北经济区 VE	东北经济区 AG	北部沿海经济区 VE	北部沿海经济区 AG	黄河中游经济区 VE	黄河中游经济区 AG	长江中游经济区 VE	长江中游经济区 AG
1	0.4999	0.5001	0.0397	0.9603	0.1097	0.8903	0.4816	0.5184
2	0.3424	0.6576	0.0180	0.9820	0.0576	0.9424	0.3600	0.6400
3	0.2673	0.7327	0.0209	0.9791	0.0565	0.9435	0.3362	0.6638
4	0.2249	0.7751	0.0277	0.9723	0.0648	0.9352	0.3287	0.6713
5	0.1975	0.8025	0.0337	0.9663	0.0729	0.9271	0.3248	0.6752
6	0.1783	0.8217	0.0381	0.9619	0.0793	0.9207	0.3223	0.6777

续 表

滞后阶数	东北经济区		北部沿海经济区		黄河中游经济区		长江中游经济区	
	VE	*AG*	*VE*	*AG*	*VE*	*AG*	*VE*	*AG*
7	0.1642	0.8358	0.0413	0.9587	0.0841	0.9159	0.3205	0.6795
8	0.1533	0.8467	0.0436	0.9564	0.0878	0.9122	0.3191	0.6809

八、结论和政策建议

本研究在职业教育高质量发展的框架下，构建职业教育发展指数和农业农村现代化指数，分析在当前职业教育体系改革及乡村振兴背景下，职业教育对农业农村现代化的影响作用，对2015—2021年指数面板数据运用PVAR模型进行了实证分析，得到研究结论如下。

① 2015—2021年职业教育与农业农村现代化之间的耦合协调度整体呈现缓慢上升趋势，在2019年达到峰值，受疫情影响，2020年、2021年有所回落。经分析，我国职业教育类型化改革等系列政策促进了职业教育的发展。

② 在区域分布上，我国八大经济区的职业教育和农业农村现代化耦合协调度差异很大，东部沿海、长江中游、北部沿海经济区的耦合协调度在全国平均水平之上，且东部沿海经济区整体耦合协调度遥遥领先；南部沿海、黄河中游、大西南经济区的耦合协调度与全国平均水平相近，发展趋势线多有交叉；而东北、大西南经济区的耦合协调度在全国平均水平之下，且大西北经济区的耦合协调度远远落后。

③ 在空间格局上，职业教育与农业农村现代化的耦合协调度首发于东部沿海，随后在北部沿海、黄河中游、长江中游、大西南经

济区逐步发展起来。本结论与划分东中西部相关研究有相同之处，不同之处在于，由于八大经济区划分多于东中西部划分，可以看出在中国人口地理分界线（胡焕庸线）东南侧呈现出多头并进的态势，而界线西北侧则进展缓慢。

④ PVAR 模型估计结果显示，整体上我国职业教育已经形成了对农业农村现代化的正向促进作用，虽然这种正向促进作用较小；从区域来看，各个经济区的机制有所差异，长江中游、东北、北部沿海、黄河中游经济区的良性促进机制已形成，尤以长江中游经济区的良性促进机制系数最大（0.151）。

⑤ PVAR 模型估计结果显示，我国职业教育质量发展、农业农村现代化均已具备了自我增强机制。这为职业教育与农业农村现代化协同发展构建了现实基础。

⑥ 格兰杰因果检验结果显示，存在职业教育发展促进农业农村现代化的单向因果关系。教育是经济社会发展的先行变量，实施农业农村战略政策，可以使用职业教育作为工具。

在高质量发展背景下，职业教育可以促进农业农村现代化，推进我国乡村振兴战略实施。本研究从宏微观角度提出以下政策性建议。

① 为了延续职业教育和农业农村现代化耦合协调度的上升趋势，首先要加强各自系统的发展，充分利用系统自我增强作用机制，在职业教育体系的完善、农业农村现代化的发展基础上，促进职业教育与农业农村现代化的协调发展。

② 区域差异问题是长期存在的问题，针对区域差异大的现状，首先要充分发挥经济区、先进省（市、自治区）的示范作用、引领作用，带动周边省（市、自治区）的发展，职业教育改革成效示范省政策即是采用此类政策措施；为缩小胡焕庸线两侧的差异，可以沿用现

有职业教育东西帮扶政策。长期问题的解决依靠长期政策，但需要总结政策执行经验，相机调控政策相关内容、范围、力度等。这些政策的调整可以以定量测度和评价为参考。因此要加强职业教育质量评价体系的建设，更好地管理职业教育，更协调地发展农业农村现代化。

③ 职业教育可以作为农业农村现代化的政策工具，但不同区域的适用情况不同。虽然东部沿海经济区的职业教育、农业农村现代化水平都较高，但是如何持续协调，仍然有待形成良性机制；长江中游经济区的职业教育很好地服务了区域产业，形成了区域特色。因此，职业教育对农业农村现代化的促进力度更大。各经济区应形成适应自身区域农业农村特色的职业教育体系，才能更好地促进职业教育与农业农村现代化协调发展。

参考文献

[1] 冯敏，寇建波，邢增余. 城乡一体化建设的策略研究——以淄博市村镇体系规划为例[J]. 安徽农业科学，2012，40(01):510-512+515.

[2] 刘凤娟，郭胜大，王建. 面向新农村现代化建设的高等职业教育定位研究[J]. 当代职业教育，2016(11):4-8.

[3] 马建富. 农村留守人口人力资源开发的职业教育培训支持逻辑和策略选择[J]. 当代职业教育，2022(05):4-14.

[4] 凌琪帆，曹晔. 新中国成立70年我国农村职业教育的发展历程与成就[J]. 职教论坛，2019(10):21-27.

[5] 冯蔚. 农村职业教育终身学习平台搭建研究[J]. 中国成人教育，2016(15):155-157.

[6] 许媚. 基于精准扶贫的农村职业教育问题审视与发展路径[J]. 教育与职业，2017(18):25-31.

[7] 曹志峰. 服务农村产业革命的职业教育发展研究[J]. 贵州师范大学学报（社会科学版），2022(01):75-83.

[8] 黄林国. 乡村振兴视域下农村职业教育的困境与对策研究[J]. 现代农业，2022(06):103-105.

[9] 储节旺，刘秉玉. 乡村振兴战略背景下农村人力资源开发研究[J]. 理论建设，2019(06):64-68.

[10] 王晓红，陶红艳. 职业教育服务乡村振兴战略的路径探索[J]. 河北北方学院学报（社会科学版），2022，38(06):84-87.

[11] 李贝贝. 乡村振兴战略背景下本土化职业化农村人才培育研究[J]. 农业经济，2023(07):115-116.

[12] 王丽娜. 职业教育赋能乡村振兴的价值旨归、作用机理与推进路径

[J].南宁职业技术学院学报，2023，31(03):68-72.

[13] 崔宝慧，沈霞.乡村振兴背景下新型农民职业教育和技能培育路径研究——以淮安市为例[J].农村实用技术，2023(04):54-56+59.

[14] 石璟，卞丹丹.职业技能培训助力新生代农民工就业创业工作的研究[J].就业与保障，2023(04):55-57.

[15] 唐艳辉.农民职业技能培训现状及其对策[J].科技经济市场，2015(04):144-145.

[16] 栗延斌，姜明明，徐文东.职业院校开展农民创业教育的策略研究[J].牡丹江教育学院学报，2020(10):46-47.

[17] 吴远.乡村振兴战略背景下新型职业农民创业社会支持体系构建对策[J].乡村科技，2020，11(27):14-16.

[18] 周峻.提升农村相对贫困群体就业创业能力的逻辑、困境及机制研究——基于乡村振兴战略下的职业教育视角[J].攀枝花学院学报，2023，40(03):95-101.

[19] 陈维华，蔡景怡，孙瑞国.职业教育促进新生代农民工就业能力提升策略研究[J].河北软件职业技术学院学报，2020，22(03):63-66+80.

[20] 王俊，路克利.共同富裕背景下推进脱贫攻坚与乡村振兴有效衔接的机制构建与路径选择[J].理论月刊，2022(11):59-70.

[21] 李宁慧，龙花楼.实现巩固拓展脱贫攻坚成果同乡村振兴有效衔接的内涵、机理与模式[J].经济地理，2022，42(04):1-7+18.

[22] 王凤臣，刘鑫，许静波.脱贫攻坚与乡村振兴有效衔接的生成逻辑、价值意蕴及实现路径[J].农业经济与管理，2022(04):13-21.

[23] 田毅鹏.脱贫攻坚与乡村振兴有效衔接的社会基础[J].山东大学学报（哲学社会科学版），2022(01):62-71.

[24] 周国华，于雪霞，贺艳华，等.湖南省巩固脱贫攻坚成果同乡村振兴有效衔接的思考[J].经济地理，2021，41(08):10-18.

[25] 张明皓，叶敬忠.脱贫攻坚与乡村振兴有效衔接的机制构建和政策体系研究[J].经济学家，2021(10):110-118.

[26] 夏延芳，王国勇. 脱贫攻坚与乡村振兴的有效衔接——基于社会质量理论的探究 [J]. 西南民族大学学报（人文社会科学版），2022，43(04):101-107.

[27] 陈智. 巩固拓展脱贫攻坚成果同乡村振兴有效衔接——论国家治理的"有效"与"长效机制"[J]. 西部论坛，2022，32(06):97-110.

[28] 曹志敏. 论外部效应内在化处理机制下精准扶贫与乡村振兴的有效衔接 [J]. 中国软科学，2021(S1):46-57.

[29] 白雪军. 民族地区巩固拓展脱贫攻坚成果同乡村振兴有效衔接研究——基于新内生动力机制的建构视角 [J]. 贵州民族研究，2022，43(06):62-68.

[30] 林俐. 产业发展视角下西藏巩固拓展脱贫攻坚成果与乡村振兴有效衔接的路径探讨 [J]. 西藏民族大学学报（哲学社会科学版），2021，42(05):123-128.

[31] 张琦. 巩固拓展脱贫攻坚成果同乡村振兴有效衔接：基于贫困治理绩效评估的视角 [J]. 贵州社会科学，2021(01): 144-151.

[32] 高海珍，邢成举. 巩固拓展脱贫攻坚成果同乡村振兴有效衔接的政策文本分析——基于政策工具视角的Nvivo分析 [J]. 贵州社会科学，2022(10):152-160.

[33] 李博，苏武峥. 欠发达地区巩固拓展脱贫攻坚成果同乡村振兴有效衔接的治理逻辑与政策优化 [J]. 南京农业大学学报（社会科学版），2021，21(06):71-79.

[34] 高飞. 脱贫攻坚如何有效衔接乡村振兴？——基于公共性视角的案例考察 [J]. 经济社会体制比较，2022(02):28-37.

[35] 董玮，秦国伟，于法稳. 脱贫攻坚与乡村振兴的有效衔接：转换与调适——基于公共政策的视角 [J]. 农村经济，2021(09):64-72.

[36] 高强. 脱贫攻坚与乡村振兴有效衔接的再探讨——基于政策转移接续的视角 [J]. 南京农业大学学报（社会科学版），2020，20(04):49-57.

[37] 温美荣，王帅. 政策协同视角下脱贫攻坚成果同乡村振兴的有效衔

接[J].西北农林科技大学学报（社会科学版），2021，21(05):10-19.

[38] 叶敬忠，陈诺.脱贫攻坚与乡村振兴的有效衔接：顶层谋划、基层实践与学理诠释[J].中国农业大学学报（社会科学版），2021，38(05):5-16.

[39] 尹业兴，熊昕若.地方政府推进脱贫攻坚与乡村振兴有效衔接的政策供给特征——基于四川省的实证[J].统计与决策，2022，38(11):21-25.

[40] 吴新叶.脱贫攻坚同乡村振兴有效衔接中的企业角色及其调适——以贵州省乌蒙山区乡土企业X茶园为例[J].南京农业大学学报（社会科学版），2022，22(01):67-77.

[41] 马仲荣.民族地区脱贫攻坚与乡村振兴有效衔接的地方性实践——以东乡县布楞沟村为例[J].西北民族研究，2022(01):130-138.

[42] 马伟华，李修远.民族地区脱贫攻坚与乡村振兴有效衔接的实践路径研究——基于宁夏闽宁镇的调查[J].贵州民族研究，2022，43(04):49-55.

[43] 耿达.民族地区脱贫攻坚与乡村振兴有效衔接的文化路径——基于一个少数民族村寨的文化扶贫实践[J].思想战线，2021，47(05):130-139.

[44] 田海林，田晓梦.民族地区脱贫攻坚与乡村振兴有效衔接的现实路径——以武陵山片区为例[J].中南民族大学学报（人文社会科学版），2021，41(05):34-40.

[45] 陈明星.脱贫攻坚与乡村振兴有效衔接的基本逻辑与实现路径[J].贵州社会科学，2020(05):149-155.

[46] 张润泽，胡交斌.脱贫攻坚同乡村振兴有效衔接的现实问题与逻辑进路[J].甘肃社会科学，2021(06):45-52.

[47] 李裕瑞，王婧，刘彦随，等.中国"四化"协调发展的区域格局及其影响因素[J].地理学报，2014，69(02):199-212.

[48] 杜运周，贾良定.组态视角与定性比较分析(QCA)：管理学研究的一条新道路[J].管理世界，2017，(06):155-167.

[49] 郝政，何刚，王新媛，等.创业生态系统组态效应对乡村产业振兴质量的影响路径——基于模糊集定性比较分析[J].科学学与科学技术管理，2022，43(01):57-75.

[50] 汪晓文，李济民.从产业扶贫到乡村振兴——河西走廊寒旱农区产业扶贫发展历程[J].西北农林科技大学学报（社会科学版），2021，21(04):17-23.

[51] 李植乐，林闽钢.社会救助创新案例特征和影响力的分析[J].社会保障研究，2022(02):70-80.

[52] 王丽巍，安佳.金融助力巩固拓展脱贫攻坚成果的有效路径选择：基于清晰集定性比较分析(QCA)视角[J].兰州学刊，2022(10):131-141.

[53] 中国政府网.关于推动现代职业教育高质量发展的意见[EB/OL].[2021-10-12].

[54] 朱德全，沈家乐.职业教育服务乡村振兴的经济逻辑：新内源性动能与作用机理[J].教育与经济，2022，38(3):25-34.

[55] 石献记，朱德全.职业教育服务乡村振兴的多重制度逻辑[J].国家教育行政学院学报，2022(4):43-51+95.

[56] 王扬，乐晶.技能资本：农村职业教育助力乡村振兴的内在机理与行动逻辑[J].中国电化教育，2022(5):66-74.

[57] 祁占勇，王羽菲.乡村振兴战略背景下农村职业教育现代化的指标体系与行动逻辑[J].西南大学学报（社会科学版），2020，46(4):67-77+194.

[58] 朱德全，石献记.职业教育服务乡村振兴的技术逻辑与价值旨归[J].中国电化教育，2021(1):41-49.

[59] 朱德全，王志远.协同与融合：职业教育服务乡村振兴的逻辑理路[J].陕西师范大学学报（哲学社会科学版），2021，50(5):114-125.

[60] 沈军，陈慧.治理有效：职业教育助推乡村振兴的路径改革[J].国家教育行政学院学报，2020(8):19-24+76.

[61] 熊晴，朱德全.民族地区职业教育服务乡村振兴的教育逻辑：耦合

机理与价值路向[J].教育与经济,2021,37(3):3-9.

[62] 彭洪莉,朱德全.职业教育服务乡村振兴:多维演进与未来图景[J].教育发展研究,2022,42(19):31-40.

[63] 辜胜阻,吴华君,曹冬梅.新人口红利与职业教育转型[J].财政研究,2017(09):47-58.

[64] 程名望,盖庆恩,Jin Yanhong,等.人力资本积累与农户收入增长[J].经济研究,2016,51(01):168-181+192.

[65] 王从容.职业教育中的基本素养研究——评《乡村振兴战略之人才工程培训教材:工匠精神与职业素养读本》[J].中国农业资源与区划,2020,41(2):128-128+152.

[66] 曾欢,朱德全.新时代民族地区职业教育服务乡村人才振兴的逻辑向度[J].民族教育研究,2021(1):74-81.

[67] 林克松,袁德梽.人才振兴:职业教育"1+N"融合行动模式探索[J].民族教育研究,2020(3):16-20.

[68] 程方平.教师保障:乡村教育振兴的基石[J].教育研究,2018,39(7):84-86.

[69] 蒋成飞,朱德全,王凯.生态振兴:职业教育服务乡村振兴的生态和谐"5G"共生模式[J].民族教育研究,2020,31(03):26-30.

[70] 谢元海,闫广芬.乡村职业教育的应然价值取向:生计、生活与生态——以乡村振兴战略为视角[J].教育发展研究,2019,39(1):10-16+39.

[71] 朱德全.乡村"五大振兴"与职业教育融合发展[J].民族教育研究,2020,31(03):10.

[72] 石献记,朱德全.民族地区职业教育服务乡村振兴的文化共生场域[J].教育研究与实验,2021(3):43-52.

[73] 肖幸,杨春和.生态宜居:职业教育"生态+"教育的逻辑框架[J].国家教育行政学院学报,2020(11):80-87.

[74] 马建富,吕莉敏.乡村振兴背景下贫困治理的职业教育价值和策略[J].苏州大学学报(教育科学版),2019,7(1):70-77.

[75]李丽，杨如安.乡村振兴背景下边境民族地区农村职业教育的困境与路径[J].云南师范大学学报（哲学社会科学版），2020，52(04):111-119.

[76]曾阳.乡村振兴战略下职业教育服务城乡融合发展的路径研究[J].国家教育行政学院学报，2019(2):23-30.

[77]郑辉.乡村振兴战略下河南省农民职业教育体系建设研究[J].宏观经济管理，2018(6):69-75.

[78]祁占勇，王志远.乡村振兴战略背景下农村职业教育的现实困顿与实践指向[J].华东师范大学学报（教育科学版），2020，38(04):107-117.

[79]吴迪.乡村振兴背景下涉农高职职业教育创新探索[J].核农学报，2022，36(07):1508.

[80]竭红云，董伟欣."乡村振兴战略"背景下农村职业教育发展研究——评《农村职业教育发展新论》[J].中国农业气象，2022，43(10):862.

[81]刘奉越.乡村振兴下职业教育与农村"空心化"治理的耦合[J].国家教育行政学院学报，2018(7):40-46.

[82]高岳涵，王琪.民族地区职业教育如何赋能乡村振兴[J].中南民族大学学报（人文社会科学版），2022，42(9):165-172+188.

[83]马建富.农村职业教育发展新论[M].北京：知识产权出版社，2017.

[84]赵红霞，朱惠.高等职业教育与乡村振兴耦合协调及趋势预测研究[J].教育发展研究，2022，42(19):41-48.

[85]潘军.农业职业教育赋能乡村振兴的逻辑向度与实践进路——基于耦合协调视角[J].教育与职业，2023(02):73-80.

[86]叶蓓蓓，冯淑慧.中等职业教育高质量发展与乡村振兴的耦合协调：评价与对策[J].国家教育行政学院学报，2022(07):55-64.

[87]戴妍，陈佳薇.民族地区教育扶贫与乡村振兴耦合协调度及其影响因素——基于省级面板数据的实证分析[J].民族教育研究，2021，32(06):66-74.

［88］郭文强，曾鑫，雷明，等.新疆教育扶贫与乡村振兴的协同发展——基于耦合理论的实证分析[J].首都师范大学学报（社会科学版），2022(S1):22-31.

［89］赵志强，蔡文伯.我国高等教育、乡村振兴与共同富裕的耦合协调研究[J].重庆高教研究，2023，11(04):23-37.

［90］杨磊，朱德全.民族地区职业教育与乡村振兴耦合机制研究[J].西南大学学报（社会科学版），2021，47(5):141-149.

［91］朱德全，熊晴.民族地区职业教育服务乡村振兴——基于系统耦合的立体性分析框架[J].南京师大学报（社会科学版），2021(4):13-22.

［92］赵红霞，朱惠.职业教育提质增量对促进乡村振兴的门槛效应分析：以经济发展水平为门槛变量[J].教育学术月刊，2022(2): 104-112.

［93］祁占勇，谢金辰.投资职业教育能否促进农村劳动力增收——基于倾向得分匹配（PSM）的反事实估计[J].教育研究，2021，42(02):97-111.

［94］祁占勇，王志远.经济发展与职业教育的耦合关系及其协同路径[J].教育研究，2020，41(03):106-115.

［95］赵晓爽.京津冀职业教育规模对经济增长的实证研究［D］.天津：天津职业技术师范大学，2018.

［96］孙晗霖，王倩茹，刘新智.教育对欠发达地区脱贫群体生计可持续的影响研究——基于货币效应与非货币效应的分析[J].西南大学学报（社会科学版），2021，47(06):51-63+258.

［97］杨芷晴.教育如何影响农业绿色生产率——基于我国农村不同教育形式的实证分析[J].中国软科学，2019(08):52-65.

［98］朱德全，杨磊.职业教育服务乡村振兴的贡献测度——基于柯布-道格拉斯生产函数的测算分析[J].教育研究，2021，42(06): 112-125.

［99］潘海生，翁幸.我国高等职业教育与经济社会发展的耦合关系研究——2006—2018年31个省（区、市）面板数据[J].高校教育管

理，2021，14(02):12-23.

[100] 叶冲.高等职业教育规模与区域经济耦合协同发展研究——基于西部12省（市、自治区）面板数据的实证分析[J].职业技术教育，2020，41(21):51-56.

[101] 刘新华，王冬琳，王利明，等.我国职业教育层次结构与生产力发展水平关系的实证研究[J].中国高教研究，2013(04):93-98.

[102] 杭永宝.中国教育对经济增长贡献率分类测算及其相关分析[J].教育研究，2007(02):38-47.

[103] 胡宏兵.教育人力资本促进经济增长的效应研究——基于抽样面板因果检验方法的实证分析[J].教育研究，2014，35(10):48-56.

[104] 朱德全，彭洪莉.中国职业教育高质量发展指数与水平测度[J].西南大学学报（社会科学版），2023，49(01):138-152.

[105] 黄榕，丁晓昌.中国高等教育高质量发展水平的测度研究[J].华东师范大学学报（教育科学版），2022，40(07):100-113.

[106] 王青，刘亚男.中国乡村振兴水平的地区差距及动态演进[J].华南农业大学学报（社会科学版），2022，21(02):98-109.

[107] 张旺，白永秀.中国乡村振兴水平的区域差异、分布动态演进及空间相关性研究[J].数量经济技术经济研究，2022，39(02):84-102.

[108] 辛岭，郝汉.我国农业现代化发展水平评价方法研究[J].农业现代化研究，2022，43(05):747-758.

[109] 李丽纯.基于灰色优势分析的中国农业现代化水平测度与波动趋势分析[J].经济地理，2013，33(08):116-120.

[110] 张应武，欧阳子怡.我国农业农村现代化发展水平动态演进及比较[J].统计与决策，2019，35(20):95-98.

[111] 魏后凯.农业农村现代化的内涵、目标和驱动机制[J].新型城镇化，2023(03):25.